谋术

木沐 编著

江苏凤凰文艺出版社
JIANGSU PHOENIX LITERATURE AND ART PUBLISHING

图书在版编目（CIP）数据

谋术 / 木沐编著 . -- 南京 : 江苏凤凰文艺出版社 , 2024. 8. -- ISBN 978-7-5594-8736-0

Ⅰ . H136.33

中国国家版本馆 CIP 数据核字第 2024RG9425 号

谋术

木沐　编著

责任编辑　王昕宁
策划编辑　李　根
特约编辑　连　慧
装帧设计　末末美书
责任印制　杨　丹
出版发行　江苏凤凰文艺出版社
　　　　　南京市中央路 165号，邮编：210009
网　　址　http://www.jswenyi.com
印　　刷　天津鸿彬印刷有限公司
开　　本　710毫米×1000毫米　1/16
印　　张　14
字　　数　187千字
版　　次　2024年 8月第 1版
印　　次　2024年 8月第 1次印刷
书　　号　ISBN 978-7-5594-8736-0
定　　价　49.80元

前言

在中国文化中，有几个诸如纵横之术、钩距之术、长短之术这样的名词，它们都是谋略的不同称呼。在古代，运用这些谋略的人被称为谋士、策士或术士，他们负责为统治者出谋划策。

谋略的起点往往是利益的争夺，而背后则是权力的追求。通过谋略来夺取已掌握大权的对手的权力，是获取权力的途径之一。这需要考虑天时、地利、人和三个因素。只有三者兼备，才能找到最佳的出击时机，成功掌握权力。

自古以来，无论是国家的治理，还是国际间的竞争，谋略始终扮演着关键的角色。帝王要稳固统治，必须运用谋略来制衡臣下，防止权臣擅权；臣子要谋求更高的地位，同样需要谋略来制衡帝王，防止帝王专制独裁。而国家间的较量，更是谋略的较量，其最终目的往往是取得更大的权力。

在多数情况下，要想掌握权力，必须运用谋略来运筹帷幄。在生活中，也需要一些谋略，我们每天疯狂内卷，不懂谋略就会寸步难行。

读透中国人的生存之道，才会在疯狂内卷中脱颖而出。

然而，谋略并非简单的诡计，它有其内在的逻辑和规则。在谈论谋略学时，我们必须持有严谨的态度。谋略本身并无善恶之分，关键在于如何运用。用得好可以成为救人的工具，用得不好则可能害人害己，因此，我们在使用谋略时要格外小心。除了需要智慧，还需要深刻理解人性，才能灵活地将谋略运用得恰到好处。

本书旨在帮助读者理解权力的运行逻辑和谋略的运用方法，让读者在生活和工作中更加游刃有余地应对各种挑战。书中的每篇文章分为原文、译文、解读三个板块，为读者提供生动的故事和实用的处世智慧。原文出自鬼谷子、管仲、李世民、王阳明、张居正等人之口，句句经典，可读性强。解读部分引经据典，甄选两千年来通史、兵书等典籍中的经典事例，有趣、有料、有看点。希望每位读者在阅读本书后都能谋略加身，勇往直前，开辟出一片新天地。

目录

第一章　修心养性：心地干净，方可学古

第二章　律己正身:自我完善,自我成全

第三章　持之以恒:精诚所至,金石为开

第四章　识人用人:得人则安,失人则危

第五章 灵活应变：处变不惊，决胜千里

第六章　运筹帷幄：未雨绸缪，算无遗策

第七章 谋事成事:善察者明,慎思者智

第一章

修心养性：心地干净，方可学古

修养，是高智商的证明。因为有了修养，所以才有了“忍一时风平浪静，退一步海阔天空”的洒脱，有了“海纳百川，有容乃大”的包容，有了“清水出芙蓉，天然去雕饰”的返璞归真。良好的道德修养是做人的根本，一个人无愧于天地，能够具有崇高的道德修养，才会让别人看得起，让人油然而生一种敬意与崇拜。

留一步与人行，减三分让人尝

面前的田地要放得宽，使人无不平之叹；身后的惠泽要流得长，使人有不匮之恩。路径窄处，留一步与人行；滋味浓的，减三分让人嗜。此是涉世一极安乐法。

——（明）洪应明《菜根谭》

【译文】

一个人为人处事要心胸开阔，与人为善，才不会招身边的人怨恨；死后留给世人和子孙的恩泽，要流传长远，才会赢得后人无尽的怀念。在狭窄的道路上行走，要留一点余地给别人；在享受美味可口的食物时，要留一些和大家一起分享。这就是一个人待人处世取得快乐的最好方法。

【解读】

俗话说得好："退一步海阔天空，让几分心平气和。"这就是说人与人之间需要宽容。宽容是一种美德，它能使一个人得到尊重。宽容是一种良药，它能挽救一个人的灵魂。宽容就像一盏明灯，能在黑暗中放射万丈光芒，照亮每一个心灵。

古时某人在朝为官，一天突然接到老家书信。拆开一看，原来是家人与邻居发生争执，起因是隔开两家院子的墙塌了，重新砌墙时都想多占些地皮而寸土不让。家人于是写信来请他出面说话，以便让邻居退缩。

不久，官员的家人收到了盼望已久的回信，里面却只有一首打油诗：“千里捎书为打墙，让他三尺又何妨。万里长城今尚在，不见当年秦始皇。”家人于是明白了其中的道理，主动往后退三尺，邻居一见，不甘落后，也往后退三尺，于是中间出现了一条六尺宽的胡同，可供村民行走。村人后来将胡同命名为“仁义胡同”。

不得不说，宽容的人能够理解人之难，补人之短，扬人之长，谅人之过，从而产生强烈的凝聚力和亲和力；反之，只会嫉人之才，鄙人之能，讽人之缺，责人之误，会使人厌之、惧之、避之。

汉朝发生了“诸吕之乱”，最终还是被平定了。在平乱中，太尉周勃功勋卓著，顷刻间成为朝廷内外的大红人，而作为主谋者之一的右丞相陈平，此时却黯然失色。

文帝即位，陈平十分知趣，知道自己作为老臣应该让位于周勃，于是称病不朝。文帝对陈平的德才非常了解，听说陈平称病不朝，便把陈平找来，问个明白。陈平说：“过去在高皇帝时，周勃的功劳比不上臣，现在在平定诸吕中，臣的功劳不如周勃。所以，臣愿把相位让给周勃。”

举贤让能国自安，文帝觉得陈平所言也有道理，于是让周勃当了右丞相。对陈平，文帝也不愿舍弃，便让他当左丞相。文帝以为这样就把矛盾解决了，然而并没有。

有一天，文帝找来右丞相周勃问道：“天下一年要判多少案子？”周勃面露愧色，连说不知。文帝又问：“天下的钱粮收入、开支，一年有多少？”周勃很尴尬，脸上、背上冷汗直冒。

文帝又问左丞相陈平。陈平却说：“各有主事者，陛下要问判决狱案，应该找廷尉；要问钱粮，应该找治粟内史。”

文帝不高兴地问：“如果都找主事的，那还要丞相做什么？”

陈平说：“丞相，就是管住臣下。陛下如果不知他如何控制臣下，那就该拿他问罪。丞相之职，上辅佐天子掌管全局，下管万事，对外镇抚周边各邦，对内凝聚百姓之心，使各级官吏各司其职，各得其所。”

文帝听了，觉得很有道理，连连称善。

至此，周勃知道自己的确不如陈平，于是，他也主动称病辞职，让陈平独自为相。

如果当初陈平不后退一步，踌躇满志的周勃此时会心服口服地让位给陈平吗？真可谓“退一步海阔天空”啊！

一个人的价值和力量，不在于他有多少财产、处于多高的社会地位、拥有怎样的社会关系，而是在他本身之内，在他自己的品格之中。所以，以宽容之德孕育人生，人生才有价值；以宽容之情浇灌生活，生活才有意义。

让我们学会宽容，互谅互让，凡事退让一步，让生活中多一分和谐与幸福，少一分烦恼与仇恨吧。

摆脱俗情，便入名流

作人无甚高远事业，摆脱得俗情便入名流；为学无甚增益的工夫，减除得物累便臻圣境。

——（明）洪应明《菜根谭》

【译文】

做人不需要成就什么伟大的事业，只要能够摆脱世俗的功名利禄，就可跻身于名流；做学问也没有什么特别的诀窍，只要能排除干扰，宁静心情的杂念，就可超凡入圣。

【解读】

生活总会让人品尝到其中的五味，就把它当成生活的馈赠，坦坦然然、从从容容、不卑不亢、勇敢地笑对人生。淡泊不是看破红尘，不是对人间一切事物的否定，更不是思想麻木、无所作为的得过且过。拥有平常心的人才能体会到淡泊是一种享受。

我们总是博弈于红尘，背负许多忧伤与烦恼，但，那不是幡动，也不是风动，而是心动所致，其实都是自找的。迎击人生的风雨，实力很重要，平静也很重要。有实力做后盾，因此内心平静，那不算平静。没有实力，内心仍然平静，那才是真平静。而这种平静，源于人的宠辱不惊、物我两忘的境界，也就是平常心。

在今天物欲横流、处处充满诱惑和陷阱的社会中，能保持一颗平常心并非易事。只有将心融入世界，用平常心去感受生命，才能找到生命的真谛，才能做一个脱俗的人。

平常心应该是一种常态，是具备一定修养才可以经常持有的，因为它属于一种维系终身的“处世哲学”。幸福就在平常心中，幸福的关键在于有一颗善于感受幸福的心。

有人问禅师：“禅师，你可有什么与众不同的地方吗？”

禅师回答：“我感觉饿的时候就吃饭，感觉疲倦的时候就睡觉。”

“这算什么与众不同的地方，每个人都是这样的，有什么区别？”

禅师答：“他们吃饭时总是想着别的事情，不专心吃饭；他们睡觉时也总做梦，睡不安稳。而我吃饭就是吃饭，什么也不想；我睡觉的时候从来不做梦，所以睡得安稳。这就是我与众不同的地方。世人很难做到一心一用，他们在利害得失中穿梭，因而迷失了自己，丧失了‘平常心’。要知道，只有将心灵融入世界，用心去感受生命，才能找到生命的真谛。”

可见，我们只有心无杂念，将功名利禄看穿，将胜负成败看透，将毁誉得失看破，才能获得禅宗所说的“平常心”，才能有幸福感。反之，没有平常而淡定的心，就不会体味到生活的真谛，就不会品味到人生的美妙与幸福；不珍惜平常的人，也就不会创造出惊天动地的伟业与荣耀。

坦坦荡荡真君子

涉世浅，点染亦浅；历事深，机械亦深。故君子与其练达，不若朴鲁；与其曲谨，不若疏狂。君子之心事天青日白，不可使人不知；君子之才华玉韫珠藏，不可使人易知。

——（明）洪应明《菜根谭》

【译文】

初出茅庐的人，尽管没什么阅历，但是也没什么不良嗜好；那些早已混迹江湖的，却有着极深的城府，满脑子阴谋诡计。所以，要想成为一个君子，与其精明圆滑，不妨朴实笃厚；与其事事谨小慎微、曲意迎合，不如坦坦荡荡、不拘小节。而一个有道德、懂修养的君子，就应该像青天白日一样坦荡荡做人，没有什么不可告人的事。而他的才华和能力更应该像珍珠美玉深藏不露，不会让人轻易发现。

【解读】

人活一世，有荣有辱，恰如日月，总有阴晴圆缺，这是人生的寻常际遇，不足为怪。古人说，君子坦荡荡，小人长戚戚。对此我们应荣宠淡然，毁辱坦然，豁达大度，所有一切都用平常心微笑面对。这样一来，我们必能享受渔夫“富贵银千树，风流玉一蓑”的风趣。

坦荡者，可以宠辱不惊，坐观窗外叶枯叶荣，静品天外云卷云舒；可以站在高处俯瞰，享受登高远眺的悠然；可以看淡人间一切得失、恩怨。他们正直、诚实、清廉、无畏，不愧天地神明的优秀品质，让无数人敬仰。

晋国老臣祁奚是一个襟怀坦荡之人。当年祁奚年事已高，将要还政于君。悼公问何人可以接替他，祁奚推荐了解狐。

悼公吃惊地问："解狐不是你的仇人吗？你为何要推举他呢？"

祁奚道："您问的是谁能接替我的职务，没有问谁是我的仇人。"

悼公又问谁可以担当都尉，祁奚推荐了祁午。

悼公听后又是一惊，说："如果我没有记错的话，祁午不是您的儿子吗？"

祁奚道："您是问谁可以担任这项职务，没有问他是不是我的儿子。"

后来事实证明，祁奚推荐的这两个人都很称职。如果祁奚没有坦荡的胸怀，恐怕很难做到这一点吧。

被祁奚推荐的解狐为人耿直，公私分明，他和当时晋国一个势力强大的大夫赵简子关系很好。后来，赵简子领地的国相职位空缺了，他就让解狐帮着推荐一个人，让他感到意外的是，解狐竟然推荐了夺走自己妻子的荆伯柳，因为他觉得只有荆伯柳可以胜任。

果然，荆伯柳把赵简子的领地治理得井井有条。

北宋大臣范仲淹"先天下之忧而忧，后天下之乐而乐"的担当之言迄今仍回荡在关心国事天下事中的国人心中。他不仅是个忧国忧民之人，更是一个襟怀坦荡、敢于直言的忠臣。北宋张舜民在《画墁录》中记载了一则故事：

范仲淹在修史时将以前一个官员的丑行写了进去。夜里，他梦到这个人前来威胁："如果不改掉我的事，我就杀了你的儿子。"范仲淹当然不为所动。没想到几天后，患病的大儿子果然死了。当晚范仲淹又梦到了这个人说："你要再不改，我就杀了你的二儿子。"几天后范仲淹的二儿子果真生了病。家人都十分着急，恳求范仲淹修改书稿，他却坚持不改，并说："我写书要实话实说，就算孩子死了，我也不能违背事实。"不久，范仲淹的二儿子病好了。范仲淹坦荡的正气和坚持，让世人着实佩服。

如果一个人处世无愧于心，无愧于天地，那必是坦坦荡荡的真君子。在生活中，我们遇事不要只求练达，应特别注重抱朴守拙的忠厚作风。太讲究练达和圆通，就会失去本性，变成一个老奸巨猾不受人欢迎的人，如此反而不如保持一切都不加修饰的纯朴面目。练达、曲谨、朴鲁、疏狂都是相对的。在一味追求金钱权力并为此尔虞我诈、你死我活的情况下，多些真情，多些真诚，多些朴实，多些洒脱是很可贵的。

宁受一时寂寞，不取万古凄凉

栖守道德者，寂寞一时；依阿权势者，凄凉万古。达人观物外之物，思身后之身，宁受一时之寂寞，毋取万古之凄凉。

——（明）洪应明《菜根谭》

【译文】

一个坚守道德准则的人，也许会遭受短暂的寂寞；而那些以攀附权贵为人生目标的人，终究会孤独一生。有远见的人能够通过现象认清事物的本质，能够看到不远处的未来，所以他们宁可忍受暂时的寂寞，也不会趋炎附势而遭受永久的凄凉。

【解读】

王国维在《人间词话》里说，古今之成大事业、大学问者，必经过三种境界："昨夜西风凋碧树。独上高楼，望尽天涯路"，此第一境界也；"衣带渐宽终不悔，为伊消得人憔悴"，此第二境界也；"众里寻他千百度，蓦然回首，那人却在灯火阑珊处"，此第三境界也。可见，成功者都是孤独而执着的。耐得住寂寞，是一个人思想灵魂修养的体现，是难能可贵的一种风范。

电视剧《三国》中司马懿说得好："我挥剑只有一次，而磨剑用了几十年。"司马懿跟随君王南征北战，纵横天下，功勋累累。历史记载，他先后辅佐过曹操、曹丕、曹叡三位君主，虽位极人臣，荣显三代，但曹家对他十分不放心，历有防范。原来，曹氏用他只是倚借其才干治军理政，用他对抗外部的强大敌人诸葛亮等人而已，并没有将他真正视为自己人，对他处处设防。

在这样的背景下，司马懿位高权不重，偶尔权重一时复又被夺。如果换了常人，应该是相当苦闷。但司马懿的心量非一般人能比。他以小火慢烹的高超技法，默默忍耐，明哲保身。国家用人之际，就是他人生的巅峰，他总是勇效犬马之劳。一旦大功告成，则主动请辞，绝不贪恋权位；每当受到猜忌，事业处于低谷，他就以佯病为常事，深居简出，在寂寞中修炼。

终于，在坚守寂寞几十年如一日之后，他趁着曹爽大意出城的空当，先下手为强，赢得了天下。试想，如果司马懿失去了在寂寞中几十年的忍耐，恐怕早就成了刀下鬼。

人生中，寂寞是难以摆脱的，它如同喜怒哀乐一样，时刻伴随着我们。人生可以不甘寂寞，却必须学会耐得住寂寞。

司马迁受宫刑后，潜心努力十九年，方有传世佳作《史记》；李时珍历时四十年的辛苦著作，才造就了医学圣经《本草纲目》；诺贝尔多次死里逃生，废寝忘食数年，终于研制成功 TNT 炸药；爱迪生失败了无数次，才发明了电灯泡；达尔文研究进化论，花了二十二年时间，才写出《物种起源》一书，等等。

其实，生命中所有的灿烂终究都是要用寂寞去偿还的。没有寂寞的人生，只能是肤浅的、平庸的。想要抵挡寂寞，不如去享受寂寞，享受心灵空旷的刹那，享受漫无边际的漂流，享受寂寞如黑夜般弥漫的感觉。

要知道，只有耐得住寂寞，才守得住繁华。但凡成功之人，往往都要经历一段没人支持、没人帮助的黑暗岁月，而这段时光，恰恰是沉淀自我的关键阶段。犹如黎明前的黑暗，挨过去，天也就亮了。

原其初心，观其末路

事穷势蹙之人，当原其初心；功成行满之士，要观其末路。富贵家宜宽厚，而反忌刻，是富贵而贫贱其行矣，如何能享？聪明人宜敛藏，而反炫耀，是聪明而愚懵其病矣，如何不败？居卑而后知登高之为危，处晦而后知向明之太露，守静而后知好动之过劳，养默而后知多言之为躁。

——（明）洪应明《菜根谭》

【译文】

对于在事业上失败而心灰意冷的人，要帮助他恢复奋发上进的信心；对于事业成功感到万事顺利的人，要看他在以后的道路上能否保持下去。有钱人应该待人宽仁，如果一味挑剔苛刻，那么即使是处在富贵之中，其行为和贫贱无知的人是没有两样的，又怎么能够长久享受富贵的生活？聪明有才华的人也要学会低调，如果到处炫耀，那么他就跟愚蠢无知的人没有什么两样，他的事业哪有不失败的道理？站在低处的地方，才能体会到攀登高处的危险；处在昏暗的地方，才知道当初的光亮会刺眼睛；持有宁静的心情，才知道四处奔波的辛苦；保持沉默的心性，才知道过多的言语会带来烦躁不安。

【解读】

生活中，我们经常会看到一些爱摆“身架”的人，哪怕只是当了芝麻大的一个小官，也要把官腔打得十足，无论干什么都是装腔作势，表现出一副威风、了不起的样子。殊不知，他们“身架”摆得越大，在别人的心目中其“身价”就越低。

其实，人生的真谛，不在高山大川，巍巍峰顶，而在舒云流水，曲径通幽。放慢脚步，放低姿态，让心灵在低调的人生节奏中低吟浅唱，闲庭信步，最终通向成功。可见，做人就应该低调一些。

何谓“低调”？低调是一种谦虚谨慎的态度，不张扬，隐藏自己的能力不显示出来。是自己选取较低的标准、要求、观点和看法，去面对和处理他人或所发生的事件。低调做人就是用平和的心态来看待世间的一切。低调做人，更容易被人接受。

古人云：“木秀于林，风必摧之；人高于众，众必非之。”所以，不如低调一点，“夹起尾巴做人”，这样更能增加你的亲和力，为你赢得更多朋友。这是一个人成就大事最起码的前提。

昔日越王勾践若抱住身份不放，无卧薪尝胆的低姿态，那么就没有“三千越甲可吞吴”的壮举；三国的刘备若无“三顾茅庐”的求贤之举和平时礼贤下士的谦恭姿态，而是以“皇叔”的身份高高在上，就不会有三国争雄的故事；在世界上名声赫赫、几千年都受人尊敬的儒家创始人孔子说出了“三人行，必有我师焉”的名句。所以，身份和地位越高的人，越要把自己的“身架”放下，只有这样才能赢得追随者的敬重和信赖。

低调是一种做人的智慧，是一种处世的哲学。低调不是软弱、怯懦，不是忍受、退缩；低调应该是一种基于自信的宽容博大，一种基于智慧的积极进取，就像饱满的稻穗谦虚地低下头来，是一种成熟的标志。低调做人，就是用平和的心态来看待世间的一切，在卑微时安贫乐道，豁达大度；在显赫时持盈若亏，不骄不狂，隐藏锋芒。

老子说过："强梁者不得其死。"这句话直接道出了好胜者必败的道理。有时候，适当表现自己的无能，"让"别人一下，或许会给自己带来更多的好处。

三国时，曹植出尽了风头，深受曹操的喜爱。在太子争夺战中，曹丕也曾经恐慌过，生怕输给曹植，他向自己的老师贾诩讨教。贾诩说："您只要兢兢业业，不违背做儿子的礼数就可以了，不必去想那些虚名。"曹丕接受了贾诩的建议。

有一次，曹操亲征，曹植再一次展示了自己的才华，作了一篇歌功颂德的文章来讨父亲欢心。曹丕却没有这样做，而是伏地而泣，跪拜不起，一句话也不说。

曹操看到曹丕这样，连忙问他："怎么了？"曹丕哽咽着说："父王年事已高，还要挂帅亲征，做儿子的心里又担忧又难过，所以说不出话来。"

曹操听后，非常感动。此事进一步推动了曹操立曹丕为太子的决心，而曹植则因为风头过盛、才能过显丢了前途。

可见，风头过盛往往会成为众人围攻的靶子，招来大家的攻击，而低调为人，往往可以积蓄力量，厚积薄发，取得最后的成功。

"地低成海，人低成王。"一个人不管取得了多大的成就，都要以豁达谦卑的心态低调做人。唯有低调的人，才能够在纷繁的世态中拥有一份从容，一份淡定，并以一种平和乐观的心态面对风云莫测的人生，从而成就一番辉煌的事业。

心地干净，方可学古

心地干净，方可读书学古。不然，见一善行，窃以济私；闻一善言，假以覆短。是又"藉寇兵而赍盗粮"矣。奢者富而不足，何如俭者贫而有余；能者劳而府怨何如拙者逸而全真？读书不见圣贤，如铅椠佣；居官不爱子民，如衣冠盗；讲学不尚躬行，如口头禅；立业不思种德，如眼前花。

——（明）洪应明《菜根谭》

【译文】

只有心地纯洁的人，才能够读圣贤书，学习圣贤的美德。如果不是这样的话，看见善行好事就偷偷地用来满足自己的私欲，听到名言佳句就利用它来掩饰自己的短处，这就等于送武器给敌人，送粮食给强盗。豪奢的人拥有再多财富也感到不满足，这如何比得上那些虽然贫穷却因为节俭而有富余的人呢？有才干之人忙碌操劳反而招致众人怨恨，还不如那些愚笨的人，尽管安闲无事却能保全纯真本性。读书而不研究古圣先贤的思想精义，只能成为一个写字匠；当官却不爱护黎民百姓，就如一个穿着官服的强盗。只知研究学问而不注重身体力行，那就像一个只会口头念经却不通佛理的和尚；追求成功立业却不考虑积累功德，就像眼前昙花转眼凋谢。

【解读】

一个心地纯洁、品德高尚的人有了学问，可以修身、齐家、治国、平天下，对社会、人类有所贡献。一个心术不正的人有了学问，却好比如虎添翼，他会利用学问去做各种危害人的事，例如现代人所说的“经济犯罪”和“智慧犯罪”等，就属于这种心术不正之人的具体表现。

所以，古人讲立身修性在今天仍有实际意义，用现在的话讲，做学问的同时，还须培养良好的思想品德；有学问的人未必就是利于社会、益于大众的人，要看学问在什么人的手里，要看其品德如何。

“德才兼备”是全世界无数组织千百年来都遵循的价值观、人才观，其本质是要求员工的一切行为都要做到有德、有才，两者兼备，不可缺一，而且是德在前，才在后。事实上，一个人的才能越高，德与才的关系就越密切，越重要。德不仅由才所体现，而且为才所深化、升华；才不仅由德所率领，而且为德所强化、所激活。

因此，要想成为组织重用的人才，就必须做到德才兼备。不管你在企业或者单位中扮演何种角色，担当何种职位，德才兼备都是你努力的方向。每一个渴望成功的人，都要先修炼好“德”和“才”这两把利器。只有德才兼备，相得益彰，才能所向披靡，马到成功。

唐太宗李世民登基不久，有人投其所好，敬献给他一张弓。他看了又看，试了又试，认定是难得一见的好弓。于是得意之余，向一个专门制作弓箭的匠人炫耀。

这个工匠仔细看过之后，说：“这张弓虽然强，但不是好弓！”唐太宗急问原因。工匠说：“一张弓的好坏，不单要看它是否射得远，更要看它是否射得准。而能否射得准，关键取决于做弓用料的纹理是否好。制作此弓的木料的木心不在正中间，木头的脉理自然都是斜的。因此，这张弓虽然有力，但射出去的箭势必不走正道，偏离目标，所以算不上一张好弓。”

有德有才的人就像一张完美的弓，既刚劲有力，射得远，又箭无虚发，射得准。而无德无才的人就像一张有害无益的弓，不仅木心不正，而且没有力量，只能成事不足，败事有余。

《资治通鉴》中有一名句：“有才无德，小人也；有德无才，君子也；

然德才皆具者，圣人也。”那些“有才无德”的人内心没有道德底线，行为不检点，轻则误人子弟，遭到谴责，重则危害社会，伤害性命。因此，正如“士有百行，以德为先”所言，我们应该把培养优良品德放在首位。道理很简单，如果一个人品行优良，举止端庄，人们自然就愿意接近他，并与之共事。即使他缺乏专业知识，抑或不够聪明，他也易于得到他人的帮助和支持，从而获得成功。

扫除外物，直觉本来

人心有一部真文章，都被残篇断简封固了；有部真鼓吹，都被妖歌艳舞湮没了。学者须扫除外物，直觉本来，才有个真受用。苦心中常得悦心之趣，得意时便生失意之悲。富贵名誉自道德来者，如山林中花，自是舒徐繁衍；自功业来者，如盆槛中花，便有迁徙兴废；若以权力得者，如瓶钵中花，其根不植，其萎可立而待矣。

——（明）洪应明《菜根谭》

【译文】

每个人的心灵深处都有一篇好文章，可惜被残缺不全的杂乱文章所遮盖了；每个人的心灵深处都有一首美妙的乐曲，可惜被一些妖艳的歌声和淫靡的舞蹈淹没了。所以做学问的人必须排除一切外来物欲的引诱，直接用自己的智慧寻求本性，才能求得真正享用不尽的真学问。在困苦时能坚持原则把握方向，当问题解决时自然能得到发自内心的喜悦，只有这种喜悦才是人生真正的乐趣；反之，顺心得意时，因为面临着顶峰过后的低谷，往往潜藏着失意的悲伤。世间的荣华富贵，如果是通过高深的道德修养得来，那就如同漫山遍野的花草，自然会繁荣昌盛绵延不断；如果是通过建立功业所换来，那就如同盆栽一样，只要稍微移动，花木的成长就会受到严重的影响；若靠特权或恶势力而得，就如插在花瓶中的花，因为没有根基，花草会很快地凋谢枯萎。

【解读】

古今成大事者，不惟有超世之才，亦有坚韧不拔之志。昂首挺胸，笑对生活。坚持，才能成就人生。

要知道，许多努力不是一下子就能看到成果的，需要耐心和坚忍。只要愿意付出坚持的代价，我们终究可以享受到成功的甘甜。努力之后，我们会渐渐明白，生命中总有些笑不出来的时刻，但只要我们咬紧牙关，挺一挺，一切都会过去。

王羲之是一千六百年前我国晋朝的一位大书法家，被人们誉为“书圣”。他七岁练习书法，勤奋好学，达到废寝忘食的地步，吃饭走路也在揣摩字的结构，不断地用手在身上划字默写，久而久之，衣襟也磨破了。

十七岁时，他把父亲秘藏的前代书法论著偷来阅读，看熟了就练着写，他每天坐在池子边练字，送走黎明，迎来黄昏，每天练完字就在池水里洗笔，不知用了多少墨水，写烂了多少笔头，天长日久竟将一池水都洗成了墨色，这就是人们今天在绍兴看到的传说中的墨池。

王羲之的成功告诉我们一个道理：要有持之以恒的精神，要有坚持不懈的努力。世间所有的美好，都是因为坚持！

生活并不那么矫情，容不得你任性！当困难绊住你成功的脚步时，当失败挫伤你进取的雄心时，当负担压得你喘不过气时，不要退缩，不要放弃，不要裹足不前，一定要坚持下去，因为只有坚持不懈才能取得成功。

曾看到一则《卖油翁》的故事。

陈尧咨擅长射箭，当时世上没有人能和他相比，他因此洋洋得意。

一次，他在自家的园圃里射箭，有个卖油的老翁放下挑着的担子，站在一旁，不在意地斜着眼看他，久久不离去。老翁见到陈尧咨射出的箭十支能中八九支，只不过微微地点点头。

陈尧咨问："你也懂得射箭吗？我射箭的技艺难道不精湛吗？"老翁说："不过是手法熟练罢了。"陈尧咨听后恼怒地问："你敢轻视我射箭的技艺？"老翁说："凭我倒油的经验就可懂得这个道理。"

只见，老翁取出一个葫芦放在地上，用一枚铜钱盖住葫芦的口，慢慢地用勺子倒油，通过铜钱方孔注到葫芦里，油从铜钱的孔中注进去，却不沾湿铜钱。老翁接着说："这也没有什么奥秘可言，不过是手熟罢了。"

可见，只要坚持不懈，用自己的恒心、毅力去面对遇到的困难，就一定能达到熟能生巧的境界。让我们拥有一份锲而不舍的坚持、一份脚踏实地的耐心，去期待机会与成功的垂青。无论上天摆在我们面前的是怎样的一份境遇，都要坚持到底。生活中的很多事不也都是这样吗？坚持住，不放弃，静下心去做好每一件事，在厚积薄发中，成功自然就水到渠成了。

一言一行，切戒犯忌

有一念而犯鬼神之禁，一言而伤天地之和，一事而酿子孙之祸者，最宜切戒。事有急之不白者，宽之或自明，毋躁急以速其忿；人有切之不从者，纵之或自化，毋操切以益其顽。节义傲青云，文章高白雪，若不以德性陶镕之，终为血气之私，技能之末。

——（明）洪应明《菜根谭》

【译文】

如果有一个邪恶的念头会触犯鬼神的禁忌，说一句话会伤害人间的祥和之气，做一件事会造成子孙后代的祸患，那么这些言行是我们要引以为戒的。有些事情越急越弄不清楚，多给一些时间自然就会明白，不要急躁，以免增加紧张气氛。有些人并不听从你的指挥，试着让他自由发展，他也许会慢慢觉悟，不要操之过急，以免增加他的抵触情绪。节操和正气足以胜过高官厚禄，生动感人的文章足以胜过“白雪”名曲，如果不是用道德准则来贯穿其中，那么终究只不过是血气冲动时的个人感情，或只不过是一种微不足道的雕虫小技罢了。

【解读】

快节奏的生活，让我们越来越管不住自己的脾气，收不住自己的性子，变得越来越急躁。我们每天忙忙碌碌，没有停歇的时间。生活在我们的眼中，不再是美好与阳光，而是充满着阴霾。

现代的都市人，可以说是患上了不同程度的“急躁症”。同事被提拔了，自己便着急起来；大学毕业没有几年的老同学已经买房了，自己却还居无定所，不由得自惭形秽，为了安居而烦躁；邻居的孩子已经出国读本硕了，自己的小孩还在一所普通高中里“蜗牛爬”，于是急着四处打听门路……

社会的快速发展，带来了物质的极大丰富，这也让越来越多的人忙于追逐物质，从而忽略了自己的精神需求。急躁，是一种心理状态，更确切地说，是一种不健康的心理状态。

古人云：“欲速则不达。”在日常工作中，做任何一个判断或决策前，一定要综合考虑各方面的因素，轻率、冲动的做法，往往会导致意想不到的后果。

在古代，有一位国王情绪波动得很厉害，总是担心这担心那，整天都愁眉苦脸的。久而久之，他的身体被折磨得很糟糕。而且他心情不好的时候喜欢胡乱处罚人，结果弄得国民怨声载道，他担心自己会毁了整个国家。

有一天，文武百官上朝的时候，他命令大家必须想出一个办法来控制住他无穷无尽的忧虑，否则他会降罪于大家。大家四处求医问药，所找到的方子都不太理想。最终，一个老臣写了七个大字，被国王看中。国王让他把这七个大字写了几幅，到处悬挂着。每次不管发生了什么事，他都依照老臣的教导，把这句话反复念七遍。几年下来，他的心情得到了很好的调理，脸上的笑容多了，整个国土呈现一片喜气洋洋的景象。

这位老臣写的七个字是这一切都会过去。简简单单的七个字蕴含着很深的哲理。要知道，多少帝王将相建立了丰功伟绩，可是随着时间的流逝，他们依旧要被历史淡忘。多少解不开的恩怨情仇，也最终会被时间化解。没有什么是一辈子改变不了的，没有什么是千秋万代会永远存在的。既然一切都会过去，我们何必急躁焦虑呢？

卡夫卡说：“努力想得到什么东西，其实只要沉着镇静、实事求是，就可以轻易地、神不知鬼不觉地达到目的。而如果过于使劲，闹得太凶，太幼稚，太没有经验，就哭啊，抓啊，拉啊，像一个小孩扯桌布，结果却是一无所获。”人生路上，快跑者未必能先到达目的地。与其焦急，不如一点点努力，该来的总会到来。

德者事业之基，心者后裔之根

谢事当谢于正盛之时，居身宜居于独后之地。谨德须谨于至微之事，施恩务施于不报之人。交市人不如友山翁，谒朱门不如亲白屋；听街谈巷语，不如闻樵歌牧咏；谈今人失德过举，不如述古人嘉言懿行。德者事业之基，未有基不固而不栋宇坚久者；心者修裔之根，未有根不植而枝叶荣茂者。

——（明）洪应明《菜根谭》

【译文】

要隐退不再过问世事，就应该在事业的巅峰阶段，这样才能使自己有一个完满的结局；居家度日，最好是住在一个与世无争地方，只有这样，才能真正地修身养性。要加强品德修养必须从最小的地方做起，要想帮助别人应该帮助那些根本无法回报你的人。与其和市井凡俗之人交朋友，不如与隐居山野的老人来往，与其去巴结达官贵人，不如亲近普通的平民百姓；与其听街头巷尾的是是非非，不如多听听樵夫和牧童歌唱；与其批评现代人的错误过失，不如多传述一些古圣先贤的格言善行。高尚美好的品德是一切事业的基础，就像盖房一样，如果没有坚实的地基，就不可能修建坚固而耐用的房屋。善良的心地是子孙后代的根本，就像栽花种树一样，如果没有牢固的根基，就不可能有繁花似锦、枝叶茂盛的景象。

【解读】

安第斯山脉平均海拔三千米，最高山峰海拔近七千米，这对正常的登山运动员来说也是一次极限的考验。南美洲委内瑞拉的一群盲人，在皑皑积雪的安第斯山间艰难地行进着。这座对于他们来讲充满神圣意义的山峰，如果一辈子都没有去接触、去实地感受过，不能不说是一种遗憾。于是有了这次旅程。

据电视台报道，在短短的旅程中，已经有好几位上了岁数的盲人，在风雪弥漫的夜间露营，一觉睡去，再也醒不过来，不幸将生命留在了安第斯山。组织者决定后撤，将登山计划放在未来更合适的机会。

一些走得兴起的盲人不免有些失望，最后他们还是想开了。无论如何，他们终究是迈出了第一步。他们对记者说："山永远在，我们还会回来的。"

面对神圣的安第斯山，面对一觉睡去的队友，盲人小队选择了急流勇退。在我看来，这是一种明智的选择。

诚然，不幸的逝者为梦寐的理想和一生的钟爱，奉献出宝贵的生命。其精神可贵，勇气可嘉。但面对危险，知道规避，适时地急流勇退，静待合适的时机，从头再来，未尝不是一种智慧。

在生活中，要掌握谢幕的最佳时间。做事业需要意志，退下来更需要洞察世事的智慧和意志。作用发挥到一定程度就要懂得进退，退不表示失败，主动退出正是善于调整自己的明智之举。

历史上急流勇退最有名的范例，非张良莫属。张良乃名垂千古的第一谋士，他“运筹帷幄之中，决胜千里之外”，为汉高祖刘邦统一大业奠定了基础。张良功成身退，弃官辞封，知止不辱，隐居在留坝县的紫柏山，免去了杀身之祸。明朝开国皇帝朱元璋的重要谋士刘伯温有诗曰：“汉家四百年天下，尽在张良一借间。”张良最懂得盛极必衰之理，他的急流勇退，为后人所赞。

显然，对于成功人士来说，他们着眼的不是一时一地的成就，而是总在选择最能发挥自己个性、展示自身能力的机会。他们从来不会囿于自己一时的成功，不会迟钝到在一个位置磨蚀自己的兴趣和热情，他们总是能在别人想象不到的时候急流勇退，去追求一种全新的成功和成就。

无论如何，我们都要保持冷静，用智慧观看局势的变化。无论何时，我们都要有急流勇退的胸襟智慧，懂得等待时机，韬光养晦，以退为进，方能厚积薄发，一发即中。

心虚性现，意净心清

心虚则性现，不息心而求见性，如拨波觅月；意净则心清，不了意而求明心，如索镜增尘。我贵而人奉之，奉此峨冠大带也；我贱而人侮之，侮此布衣草履也。然则原非奉我，我胡为喜？原非侮我，我胡为怒？“为鼠常留饭，怜蛾不点灯”，古人此等念头，是吾人一点生生之机。无此，便所谓土木形骸而已。

——（明）洪应明《菜根谭》

【译文】

只有内心没有一丝杂念时，人的善良本性才会显露出来，假如不使心神宁静就去寻找人的自然本性，就像拨开水中的波浪去捞月亮一样，只是一场空。只有在意念清纯时脑海才会清明，假如不铲除烦恼而想心情开朗，那就等于想在落满灰尘的镜子前面照出自己的样子，是根本照不清的。我有权有势人们就奉承我，这是奉承我的官位和纱帽；我贫穷低贱人们就轻视我，这是轻视我的布衣和草鞋。人们敬重的是官服不是我本人，我有什么可高兴的呢？人们轻视的是布衣草鞋不是轻视我，我有什么可恼怒的呢？为了不让老鼠饿死，就留一点剩饭给它们吃，因为担心飞蛾被烧死，夜里就不点灯火，古人这种慈悲心肠就是我们人类繁衍不息的生机，没有这些，那么人类也就与那些树木泥土没有什么区别了。

【解读】

在非洲，土人用一种奇特的狩猎方法捕捉狒狒。在一个固定的小木盒子里面，装上狒狒爱吃的坚果，盒子上开一个小口子，刚好够狒狒的前爪伸进去，狒狒一旦抓住坚果爪子就伸不出来了。因为狒狒有一种习性，它们不肯放下已经到手的东西。虽然动物保护法已经废除这种行为，但是人们总会嘲笑狒狒的愚蠢，为什么不松开爪子放下坚果逃命？但是，审视一下也许就会发现，并不是只有狒狒才会犯这样的错误。

有人认为，放下是一种智慧，是一种境界；也有人认为，不放下是一种坚守，是一种精神。狒狒不能放下它贪婪的念想，才被人们轻易捕捉，它确实是在坚守，可坚守的是贪婪的内心。看来，必须放下这种杂想邪念的坚守，才能从自私自利、贪得无厌的泥潭中自拔；而真正该坚守的，应该是优秀的品德和崇高的精神。

贪念是一朵带有毒刺的玫瑰，如果你始终贪恋它的美丽，死不肯放手，那么受伤害的只能是自己。

蒙克夫是一位国际著名的登山家，他经常在没有携带氧气设备的情况下，成功地征服海拔 6500 米以上的高峰，其中还包括世界第二高峰——乔戈里峰。

蒙克夫说："想要登上峰顶，你必须学会清除杂念，脑子里的杂念越少，你的需氧量就越少，在空气极度稀薄的情况下，想要登上顶峰，你就必须排除一切欲望和杂念！"

生活中最难做到的，不是寻找最后的结果，而是在寻找结果的路途上能不受诱惑，并奋力不懈地直达目标。任何停滞与迟疑的念头，都会让人忘记前进，甚至失去起步时勇往直前的冲劲。已经走到半山腰的你，还记得开始时你对自己所喊的加油声吗？

找回你盎然的活力，全力向前冲刺，就像蒙克夫说的，忘记所有杂念。只要坚守最初非成功不可的意志，我们最终都会完成每一项人生考验。

人情世态，不宜太真

读易晓窗，丹砂研松间之露；谭经午案，宝磬宣竹下之风。花居盆内终乏生机，鸟入笼中便减天趣。不若山间花鸟错集成文，翱翔自若，自是悠然会心。世人只缘认得"我"字太真，故多种种嗜好、种种烦恼。前人云："不复知有'我'，安知物为贵？"又云："知身不是'我'，烦恼更何侵？"真破的之言也。自老视少，可以消奔驰角逐之心；自瘁视荣，可以绝纷华靡丽之念。人情世态，倏忽万端，不宜认得太真。尧夫云："昔日所云我，今朝却是伊。不知今日我，又属后来谁？"人常作是观，便可解却胸中罥矣。

——（明）洪应明《菜根谭》

【译文】

清晨坐在窗前读《易经》，用松树滴下的露水来研朱砂批阅评点；中午在书桌上谈论《佛经》，竹林间的清风把清脆的木鱼声传向远方。花朵被栽在盆里终归要失去生机，鸟儿被关进笼中就少了天然情趣；这些都不如山间的花鸟那样艳丽自在，因为它们自由生存于大自然景色中，看起来总比经过人工修饰的显得赏心悦目。世俗之人把自我看得太重，所以才会产生种种嗜好和烦恼。古人说："如果已经不再知道我的存在，又怎么会知道东西是否贵重？"又说："如果知道自身并不属于自己所有，那么烦恼又怎能侵害我呢？"这真是一语切中要害。假如能从老年再回头来看少年时代的往事，可以消除争强斗胜的心理；假如能从没落世家回头去看荣华富贵的往事，可以断绝奢侈豪华的念头。人情冷暖、世态炎凉，对任何事都不要太认真。尧夫先生说过："以前所说的我，如今却变成了他；还不知道今天的我，到头来又变成什么人？"如果能抱这种看法，就可解除心中的一切烦恼。

【解读】

有两个人因一道乘法题大吵了一天，一个人说三八二十四，一个人说三八二十一。相争不下，告到县官堂上。县官听罢说："去，把说'三八二十四'的人拖出去打二十大板。"说"三八二十四"的人不服气地说："明明是他蠢，为何打我？"县官答："跟说'三八二十一'的人竟然能吵一天，还说人家蠢，不打你打谁？"

你可能觉得这个县官很糊涂，但仔细一想，不得不佩服县官的高明。的确，能和说"三八二十一"的人吵一天的人真是蠢到家了。俗话说得好，"宁可和明白人打顿架，也不跟糊涂人说句话"。但很多人在生活中常常忘记了这一点。

人非圣贤，岂能无过，对待别人的过失和缺陷，应该宽容大度一些，不要吹毛求疵，可以求大同存小异，甚至糊涂一些。连古人都说难得糊涂，其实难得糊涂是做人的最高境界。如果要一味地明察秋毫，眼里容不下沙子，过分挑剔，连一些鸡毛蒜皮的小事也要斤斤计较，那么你就会变成孤家寡人，没有人愿意和你交往。

古今中外，凡是能成就一番大事业的人，都具有海纳百川的雅量，容别人所不能容，忍别人所不能忍。这并不是说我们都要成为伟人，都要干一番大事业。但人活在世上就应该活得精彩一点，要想活得精彩就要接触社会，所以交往各样的朋友就不能太较真。

毕竟，在人的一生中，期望与现实常常会发生冲突。我们所期望的，未必能够获得，我们能获得的，未必是所期望的。与其一厢情愿地久久眺望远方的海市蜃楼，不如踏踏实实收获身边的每一份真实。

生活本身就是一场又一场的苦难、挫折、不如意，不必感叹尘世的黑暗，世界本就拥挤又嘈杂。常言道：人贵有一颗平常心。不要事事抢风头，潇洒一点，散淡一点，渐渐便会发现，生活本该是有滋有味的。

随遇而安，无入不得

茶不求精而壶亦不燥，酒不求冽而樽亦不空。素琴无弦而常调，短笛无腔而自适。纵难超越羲皇，亦可匹俦嵇阮。释氏随缘，吾儒素位，四字是渡海的浮囊。盖世路茫茫，一念求全，则万绪纷起，随遇而安，则无入不得矣。

——（明）洪应明《菜根谭》

【译文】

喝茶不一定要喝名茶，但必须维持壶底不干，喝酒不一定要求甘洌，但必须保持酒壶不空；无弦之琴虽然弹不出旋律来，然而足可调剂我的身心，无孔的横笛虽然吹不出音调来，却可使我精神舒畅。一个人假如能做到这种境界，虽然还不能算超越伏羲氏那种清静无为，但是起码也可与竹林七贤中的嵇康和阮籍那种性淡逍遥的生活媲美了。佛家讲求随顺因缘，而儒家主张谨守自己的本分，“随缘素位”这四个字是人生苦海的救命船。因为人生之路茫茫无边，只要有一个求全求美的念头，那么各种纷乱的头绪就会不断袭来。能够安然于顺其自然，无论在哪里都可以怡然自得。

【解读】

有一个人很幸运地得到了一颗硕大而美丽的珍珠，但珍珠上面有一个小小的斑点。这个人觉得非常遗憾，他想，如果除去这个斑点，它该是多么完美呀！于是，他刮去了珍珠的一部分表层，但斑点还在。他又狠心刮去一层，但斑点依旧存在。于是，他不断地刮下去。最后，斑点没有了，而珍珠也不复存在了。

一颗美丽的珍珠就这样毁在了他的手里，这个人因此一病不起。临终前，他无比悔恨地对家人说：“当时我若不去计较那个小斑点，现在我手里还会攥着一颗硕大美丽的珍珠啊！”其实，我们每个人的脚边都有彩贝，手里都有珍珠，只是我们不懂得珍惜，不善于享用，因而错过了许多好运，辜负了许多美丽。

俗话说“金无足赤，人无完人”，现实就是这样残酷。若过于执着且不肯变通，必然陷入完美主义的心理误区。欲除掉珍珠斑点的那个人一定是最痛苦的人。因为在他的眼中，看到的多是不完美，因而一次次与机遇擦肩而过，与成功遥遥相望，最终只落得两手空空。

无意间看到这样一句话：“如果你没有姣好的容貌，那么你会有一个高贵的气质；如果你没有高贵的气质，那么你会有一个聪明的头脑；如果你没有聪明的头脑，没关系，天使总爱笨女孩。”的确，上帝是不公平的，于是人间就有了美与丑、富与穷、善与恶……虽然世界上任何事物都不可能十全十美，但任何人都是独一无二的，有着自己的精彩。

人生确实有很多的不完美，但我们可以选择走出不完美的心境，而不是在“不完美”里哀叹，多些自信，多些自爱，才会拥有一个充满笑声的美好生活，才会绽放出你与众不同的韵味。无论是生活中还是事业上，有很多“完美”并非追求就能得到的。其实，沉迷于“完美”的人，本身也是不完美的。因为“完美”是抽象的、相对的，不像生活那么具体、五彩缤纷。

在生活中，我们不要以为只要自己尽心尽力去做事，就一定会达到完美，要淡定一些，活出自己的特色、风格与精彩，不要太在意别人的言论。完美是虚幻而不存在的，只有问心无愧的努力才能得到最踏实的收获。毕竟，不完美的才是人生，苏轼在《水调歌头》里早已说过：“人有悲欢离合，月有阴晴圆缺，此事古难全。”我们可以像苏轼一样用豁达的胸襟面对人生的不完美。有点缺憾，人生照样精彩；正视缺憾，它或许能将我们带入另一片风景。

保持镇定，气定神闲

轻而无备，性急少谋，乃匹夫之勇耳，他日必死于小人之手。

——（西晋）陈寿《三国志》

【译文】

性格轻浮且没有防备，性情急躁且缺少计谋，这仅仅是匹夫之勇，以后必定会被小人杀死。

【解读】

心理学理论认为，人在紧急情况下，容易产生急躁心理，急躁是一种强烈的爆发式情绪状态，在这种状态下人的认知范围会缩小，智力活动会受阻，自我控制能力会减弱，往往不能正确评价自己行为的意义和后果。因此，遇事善于冷静处理，显得尤为重要。

三国时，东吴的名将甘宁，因有战功，被任命为西陵太守、折冲将军。曹操在赤壁之战中失败后，孙权和刘备的联军乘胜追击，一直追到南郡。驻守南郡的魏将曹仁以逸待劳，击败了吴军的先头部队。

吴军大都督周瑜大怒，准备与曹仁一决雌雄。甘宁上前劝阻，认为南郡与夷陵互为犄角，应该先袭取夷陵，然后再进攻南郡。周瑜接受了他的建议，命他领兵攻取夷陵。

甘宁率军直逼夷陵城下，与魏军守将曹洪激战。曹洪败走，甘宁命令部下迅速夺取夷陵。当时他的兵力很少，只有几百人；入城后立即招兵，但也不过千人。

当天黄昏，驻守南郡的魏将曹仁派曹纯和牛金引兵与曹洪会合，共聚五千余人，把夷陵城团团围住。曹军架设云梯攻城，被甘宁守军击退。

第二天，曹军堆土构筑高楼，然后在高楼上向城中射箭。箭如雨发，射死射伤了不少吴兵。将士们都恐惧起来，唯独甘宁跟平时一样，谈笑自若，非常自然。

士兵们看到主帅如此镇定，也受到鼓舞，收集曹军射来的数万支箭，与魏军对射。由于甘宁率军沉着顽强地固守，曹军始终无法攻破城池。

在行军打仗中，军队士气的高低主要取决于主帅。主帅在危急情况下如果显得从容不迫，那么士兵们也会信心百倍，奋勇杀敌；反之，主帅如果在关键时刻贪生怕死，甚至临危脱逃，那么整个军队也会溃败。

晋孝武帝太元八年（383 年），基本上统一了北方的前秦皇帝苻坚，率领九十万兵马，南下攻伐东晋。东晋王朝任命谢石为大将，谢玄为先锋，率领八万精兵迎战。

苻坚在开战之前，一直轻视东晋的兵力。可是，当他站在城墙上看下去时，发现对方摆出滴水不漏的阵势，缓缓逼近，不禁内心动摇。接着，苻坚又向北望去。那里横着八公山，山上有八座连绵起伏的峰峦，地势非常险要。晋兵的大本营便驻扎在八公山下。随着一阵西北风呼啸而过，山上晃动的草木，就像无数士兵在运动。苻坚顿时面如土色，惊恐地回过头来对苻融说："晋兵是一支劲敌，怎么能说它是弱兵呢？"

心里慌乱的苻坚无法集中精力指挥战斗，终于中了谢玄的计，导致战事失利。于是下令将军队稍向后退，让晋兵渡过淝水决战。

这一撤，秦军以为前锋被打败了，顿时大乱，一溃千里，不可遏止。晋军以精锐八千涉渡淝水，展开猛烈攻击。苻坚中流箭，临阵斩苻融。晋军乘势追击，秦军人马相踏，投水死者不可胜计，淝水为之不流。其他军众弃甲，昼夜溃退，听到风声鹤唳，以为是东晋追兵，草行露宿，饥寒交迫，死去十分之七八。及至洛阳，只剩下十余万人。这就是"淝水之战"，是历史上以少胜多、以弱胜强的著名战役。

危急时刻，作为主帅的苻坚首先失去了冷静，自然不能充分发挥自己的军事才能了，所以说他的失败是可以预见的。越是关键时刻越应该保持冷静，因为只有这样做，事情才会向有利于自己的方向发展。

能容纳世界，才能得到世界

务要积德，务要包荒，务要和爱，务要惜精神。从前种种，譬如昨日死；从后种种，譬如今日生：此义理再生之身也。

——（明）袁了凡《了凡四训》

【译文】

必须要积德，必须要包容，必须要和爱，必须要珍惜精气神。从前的一切就当作死在了昨天，今后的一切就如同在今天重生了，这是新生道义的人生。

【解读】

为人处世，首先应该提倡豁达开朗的态度。在处理人际关系时，应气量宽宏。

气量之于容人，犹如器之于容水。器大就容水多，器小就容水少。器漏则上注而下逝，无器则有水而不容。

古语有云："大度集群朋。"一个人若可以有宽广的度量，那么他的身边便可以集结起大量的知心朋友。大度表现为对人、对友能求同存异，不用自己的特殊个性或癖好律人。大度也表现为可以听得进各种不同的意见，尤其可以认真听取相反的意见。大度还要可以容忍朋友的过失，尤其是在朋友对自己犯有过错时，可以不计前嫌，一如既往。大度更应表现为可以虚心接受批评，一旦发现自己的过失就立即改正，与朋友发生矛盾时，主动自省，不会推诿责任。

人生在世总会遇到这样那样的小摩擦、小冲突。倘若他人冒犯了自己便犯颜动怒，或记下来以便秋后算账，这样只会让自己被孤立起来。在处理人际关系中要做到大事清楚，小事糊涂才能长久相处。

有些人心胸狭窄，有怨气不懂得如何去化解，也不愿意去化解，久而久之形成内心的沟壑，处处斤斤计较，为人也就变得小气了。其实在小事上不计较，不会让你蒙受损失，有时反而会让你受到别人的敬佩。

西汉时韩信受胯下之辱，后经萧何举荐，拜于刘邦麾下成为一员大将。后来韩信非但没有斩杀这个让他受辱之人，反而让他做了官，那个人感动不已，最后在韩信身边舍命相护。

一个人气量的大小在心平气和时难以辨别，在与人发生口角时，就可以看出来了。气量大的人，不会将区区小事放在心上；而气量小的人总是喜欢在争论时抢占上风，甚至口不择言都要压倒对方。还有的人自己站在正确的一方时，与人争辩占了先机，就心情舒畅，不再计较；反之，当他站在错误的一方而被别人指责时，就会恼羞成怒，强行说些歪理来为自己辩解，这样的人受不得一点委屈，也难成大事。一个志向高远又有些才华的人，却斤斤计较或常常苛责旁人，那么他就是在自断其路。要知道，影响成功的因素是很多的，朋友多了路也多，朋友少了路也少。

郭子仪和李光弼原来同为安思顺的部下，但二人关系并不好，以至于坐在一起吃饭也不相互对望一眼，更不说一句话。后来，安禄山造反，皇帝命郭子仪做朔方节度使，李光弼成为他的部下。当时的节度使大致相当于战区司令长官兼行政长官，权力极大。郭子仪当节度使后，李光弼惶惶不可终日，想逃走以避杀身之祸，可他还没决定，皇帝已下命令，要他领一部分郭子仪的兵东征。他认为郭子仪这次一定不会放过他了，于是跪着对郭子仪说：“我死是心甘情愿的，只求你饶了我的妻儿。”郭子仪忙拉住他的手，扶他起身，说道：“现在国家大乱，哪里是计较私仇的时候！”当即分兵给他。二人相别时握手流泪，相勉报国。后来郭子仪还推荐李光弼担任河北、河东节度使。此后，二人亲密合作，攻破乱贼，没有丝毫猜忌，终于使得唐帝国免于亡国危机，以至于后来唐肃宗对郭子仪说：“虽吾之家国，实由卿再造。”

当你有了一个敌人时，你所感到的威胁可能比他给你的多出十倍不止。反而多了个朋友，会让你多十倍的保障。

自我修养，自我反省

若不反躬内省，而徒向外驰求，则求之有道，而得之有命矣。内外双失，故无益。

——（明）袁了凡《了凡四训》

【译文】

倘若不能反过来察觉自己的过错，而一味地追求外在的名利富贵，那么“努力寻求道理”，“能够得到的也是命中注定的”，这样内在的仁义道德和外在的功名富贵都会失去，所以没有任何益处。”

【解读】

在纷繁浮躁的现代社会，修养不高的人比比皆是。一些随意的行为就能够暴露人的品性，小如乱扔垃圾，闯红灯，大如为了一己之利去损害旁人的利益。自我审视，自我修养似乎变得越来越艰难。人们的文化水平虽然普遍提升了，但似乎在自身的修养上，反倒不如以前。特别是国学热和民国热兴起的那段时间，提升自我修养成为一个时间段备受热议的话题。

伏尔泰说：“所有的人都是平等的，不同的不是出身而是修养。”阿密埃尔说：“人要正直，因为其中有雄辩和德行的秘诀，有道德修养的影响力。”一个人所表现出来的个人魅力的基础就是修养，人们臣服于某个人的个人魅力，其实就是臣服修养。儒家学说有云：“修身、齐家、治国、平天下。”儒家把“修身”列在首位，说明这是一个人成功的最基本条件。

清朝康熙年间，尚书张英有一次接到家人的来信，上面写着家人与邻居为了争夺三尺宽的宅基地发生纠纷，弄得不可开交，让张英利用职权摆平这件事。于是张英提笔写了一首诗“一纸书来只为墙，让他三尺又何妨？长城万里今犹在，不见当年秦始皇”寄给家人。家人收到信后，立即明白了他的意思，于是让出了三尺宅基地给邻居。邻居见了，也主动让出三尺。结果形成了一条六尺宽的街道，也就是“六尺巷”，这件事情后来被广泛流传，引为佳话。张英是有修养的，他崇高的修养不禁感染了周围的人，让事情得以圆满地解决，更彰显了自身的人格魅力。

哲人说：修养，是智力最高的证明。因为有了修养，所以才有了“忍一时风平浪静，退一步海阔天空”的洒脱，有了“海纳百川，有容乃大”的包容，有了“清水出芙蓉，天然去雕饰”的返璞归真。良好的道德修养是做人的根本，一个人无愧于天地，能够具有崇高的道德修养，才会让别人看得起。一个人身上所蕴含着的修养的力量是无法比拟的，修养的力量是无穷的。也正是因为这种强大的力量，修养才成了人生的试金石。

君子之学，务求在己

君子之学，务求在己而已。毁誉荣辱之来，非独不以动其心，且资之以为切磋砥砺之地。

——（明）王阳明《王阳明全集》

【译文】

君子的学问，全部来源于自己的学习和反省，不是外部的美好环境。面对各种毁誉荣辱，人人都会动摇心性，只有君子能达到不动心的境界，因为君子将它们当作磨炼自己品性、提升自己素质的工具。

【解读】

“金无赤金，人无完人。”世界上没有十全十美的人，一个懂得自律的人应该经常对自己的言行进行反思，纠正错误，改正缺点。这是严于律己的表现，是不断取得进步的重要方法和途径。只有当我们通过反省能够不断进步时，我们的生活之路才会越走越广阔。

懂得反省的人能够谦虚、宽容、大方、心态平和。他们懂得给别人留有足够的余地，且富有自嘲精神。

曾子曾说：“吾一日三省其身。”古今中外，很多有成就的人，都非常注重检讨自己的内心，以是克非，从而不断取得进步。吴玉章、谢觉哉两位德高望重的前辈就是自省的典范。

吴玉章既是学界泰斗，又是严格自省的楷模。他在八十一岁生日时，还一丝不苟地为自己写下一篇《自省座右铭》：“年过八一，寡过未解，东隅已失，桑榆未晚。必须痛改前非，力图挽救，戒骄戒躁，毋怠毋荒，谨铭。”谢觉哉六十岁生日时，谢绝了所有亲朋好友前来祝寿，关起门来反躬自省。他在《六十自讼》中写道：“行年五十，当知四十九年之非。那么行年六十，也应该设法弥补五十九年的缺点。”两位前辈年事已高，但还时时不忘自省，这种精神值得我们所有人学习。

总之，一个人如果不反省，就无法认识到自己的缺点与不足，也无法认识到自己的愚昧与无知。只有通过自律、反思、检查、剖析、克制等，我们才会静下心来，客观公正地评价自己，清楚地认识到自身的缺陷。

迁心善，改心过

惩心忿，窒心欲，迁心善，改心过；处事接物，无所往而非求尽吾心以自慊也。

——（明）王阳明《王阳明全集》

【译文】

抑制心中的气忿，克制心里的私欲，让内心变得善，改正内心的失误；在处理事情和待人接物上，争取完全发挥我们本心的作用，以便实现内心的自足自快。

【解读】

在这个世界上，无论是在位者还是百姓，都必须有一颗从善之心，正所谓“诚身有道，不明乎善，不诚乎身矣”。或许你有这样那样的缺点，但是性本善是做人的前提，是一个人的本质。本质坏了，就是一个徒有其表，实则内里脏污不堪的人。

无论你的权力有多大，都要记得本着为善的良心做事。历史上的雄主楚惠王就是这样一个人，他为救人而吃蚂蟥的故事令人感动。

楚惠王吃凉酸菜时发现有蚂蟥，于是就吞食了，之后腹部得病不能吃东西。令尹问安道：“君王怎么得这病的？”惠王回答说：“我吃凉酸菜时发现有蚂蟥，按照法令，那些做了这道菜的厨师都应该被处死，但是我实在不忍心。我害怕左右的人看见，于是就吞食了。”令尹听后说：“我听说天道是没有亲疏的，只帮助有德行的人。君王具有仁德，靠天道的帮助，您很快就会痊愈的。”果不其然，这天晚上，惠王去后宫厕所排出了蚂蟥，同时病了很久的心腹积块也都痊愈了。

有人说，做了好人却没有得到好报，为什么还要做一个本质善良的人呢？其实，真正的好人，做好事是不求回报的。

1963 年，一位叫玛莉·班尼的女孩写信给《芝加哥论坛报》，因为她实在搞不明白，为什么她帮妈妈把烤好的甜饼送到餐桌上，得到的只是一句“好孩子”的夸奖，而那个除了捣乱什么都不干的弟弟戴维得到的是一个甜饼。

她想问一问无所不知的西勒·库斯特先生，上帝真的是公平的吗？为什么她在家和学校常看到一些像她这样的好孩子被上帝遗忘了？西勒·库斯特是《芝加哥论坛报》儿童版“你说我说”栏目的主持人，十多年来，孩子们有关“上帝为什么不奖赏好人，为什么不惩罚坏人”之类的来信，他收到不下千封。每当拆阅这样的信件，他心里就非常沉重，因为他不知该怎样回答这些提问。正当他对玛莉的来信不知如何是好时，一位朋友邀请他参加了一场婚礼。也许他一生都该感谢这场婚礼，因为就是在这场婚礼上，他找到了答案，并且这个答案让他一夜之间名扬天下。

西勒·库斯特是这样回忆那场婚礼的：牧师主持完仪式后，新娘和新郎互赠戒指，也许是他们正沉浸在幸福之中，也许是两人过于激动，总之，在他们互赠戒指时，两人阴差阳错地把戒指戴在了对方的右手上。牧师看到这一情节，幽默地提醒：“右手已经够完美的了，我想你们最好还是用它来装扮左手吧。”西勒·库斯特说，正是牧师的这句话让他茅塞顿开。

右手成为右手，本身就非常完美了，没有必要再把饰物戴在右手上了。同样，那些有道德的人，之所以常常被忽略，不就是因为他们已经非常完美了吗？西勒·库斯特得出结论，上帝让右手成为右手，就是对右手最高的奖赏，同理，上帝让善人成为善人，也就是对善人的最高奖赏。

忠言逆耳利于行

良由逆耳之辞难受，顺心之说易从。彼难受者，药石之苦喉也；此易从者，鸩毒之甘口也！明王纳谏，病就苦而能消；暗主从谀，命因甘而致殒。

——（唐）李世民《帝范》

【译文】

逆耳的良言令人难以接受，顺心的话语更易于听从。可是那些难以让人接受的逆耳良言都是苦口良药，那些易于听从的顺心话语却像甘甜的鸩毒。圣明的君主能听取他人的意见，就像人生病了去吃药，才能治愈；昏庸的君主听信阿谀奉承的谗言，就像喝味道甘甜的毒药，反而会丢了性命。

【解读】

邹忌是齐国的一位智者，他身材修长，容貌俊美。一天，他穿好衣服、戴好帽子，照着镜子问他的妻子："我与城北徐公相比，谁更美？"他的妻子毫不犹豫地回答："您美极了，徐公怎么能比得上您呢？"邹忌虽然心里有些疑惑，但并未立即质疑。随后，他又问他的妾和来访的客人同样的问题，得到了类似的回答，都称赞他比徐公更美。

然而，当徐公真正来访时，邹忌仔细观察，发现自己并不如徐公英俊。他躺在床上思考这个问题，终于明白了：妻子赞美他，是因为偏爱他；妾赞美他，是因为害怕他；客人赞美他，是因为有求于他。这些都是顺耳之言，听起来让人舒服，但并不真实。

于是，邹忌决定借此机会向齐威王进谏。他坦诚地告诉齐威王，宫中的姬妾和身边的近臣，都偏爱大王，朝中的大臣都畏惧大王，全国的百姓都有求于大王，因此，他们的话都是顺耳之言，而不是真实的情况。如果齐威王只听从这些顺耳的话，那么就会像饮下甘甜的毒酒一样，最终导致国家的衰败。

齐威王听后，深感邹忌的话虽然逆耳，却是良药苦口，于是他下令广开言路，鼓励臣民进谏。这一举措使得齐国政治清明，国家日益强盛。

可见，逆耳之言虽然难听，却能帮助我们认清真相，避免错误；而顺耳之言虽然易从，却可能掩盖真相，导致我们走向失败。因此，我们应该有勇气面对和接受逆耳之言，以此来提升自己的认知和能力。

内主于敬，恶不自生

内主于敬，则非僻之心无自而动；外主于敬，则惰慢之气无自而生。念念敬斯念念正，时时敬斯时时正，事事敬斯事事正。君子无在而不敬，故无在而不正。

——（清）康熙《庭训格言》

【译文】

内心存有恭敬的态度，那么就不会萌发邪恶的念头；外貌仪表保持庄严，那么就不会产生懒惰懈怠的风气。每个人的内心存有恭敬，那么意念就会表现出正气，每时每刻内心存有恭敬，那么时刻都会表现出正气，对待每一件事时内心存有恭敬就会每件事情体现出正气。君子行事时要处处都表现出恭敬的意念，所以没有正气不存在的地方。

【解读】

曾子是孔子的学生，他为人诚实，从不欺骗别人，甚至对自己的孩子也说到做到。有一天，曾子的妻子要去市集上买东西，小儿子哭闹着也要跟着去。妻子不想带他去，就哄他说："乖孩子，你留在家里，等我回来给你杀猪吃。"小儿子听说有肉吃，就答应不跟着去了。

曾子的妻子从市集上回来后，见曾子正在院子里磨刀，准备杀猪。她急忙上前阻止道："我只是哄哄孩子，你怎么真的要杀猪呢？"曾子说："你怎么能欺骗孩子呢？小孩子什么也不懂，只会学着父母的样子，听从父母的教诲。今天你欺骗他，就是教他学你的样子骗人。做母亲的欺骗孩子，孩子就不会相信母亲，这不是教育孩子成为正人君子的办法。"

于是曾子就杀了猪给孩子吃。曾子深深懂得，诚实守信、说话算话是做人的基本准则。若失言不杀猪，那么家中的猪保住了，却在一个纯洁的孩子的心灵上留下不可磨灭的阴影。

曾子内心对诚信和教育的敬畏，使他没有因为一时的方便而欺骗孩子，从而避免了在孩子心中种下不良的种子。同时，他也通过实际行动向孩子展示了什么是诚信和尊重，让孩子从小就学会了正确的价值观和行为准则。

这个典故告诉我们，无论是对待孩子还是对待他人，我们都应该保持内心的敬畏和尊重，做到言行一致、诚实守信。只有这样，我们才能赢得他人的信任和尊重，才能为社会树立正面的榜样。

圣贤之书，万物之理

圣贤之书，所载皆天地古今万事万物之理。能因书以知理，则理有实用。由一理之微，可以包六合之大；由一日之近，可以尽千古之远。

——（清）康熙《庭训格言》

【译文】

在古代圣贤的书籍中，记载的都是与天地之间、古往今来万事万物有关的道理。如果一个人能通过读书获得道理，那么这些道理就有了实际的用途。通过一个细小的道理就可以包含广大的天地，通过当下的一天就可以推究遥远的千古之前。

【解读】

孔子晚年时期特别喜欢阅读《周易》，由于当时没有现代的印刷技术，书籍都是用竹简制成的，文字刻在竹片上，再用熟牛皮绳将竹简串联起来。这样的书籍不仅厚重，而且翻阅起来也相当不便。

然而，这并没有阻挡孔子求知的步伐。他反复研读《周易》，每一次阅读都深入其中，力求理解其中的奥秘。由于反复翻阅，用来串联竹简的熟牛皮绳竟然多次被磨断。每当绳子断了，孔子就耐心地重新穿起来，继续他的阅读之旅。这种对知识的执着追求和坚韧不拔的精神，被后人赞誉为“韦编三绝”。

“韦编三绝”这个成语，既是对孔子勤奋学习精神的赞美，也是对古代学者们在艰苦环境下依然坚持求知的生动写照。它告诉我们，学习是一条永无止境的道路，无论身处何种时代、何种环境，都应该保持对知识的热爱和追求，不断充实自己，持之以恒、不懈努力，为实现个人价值和社会进步贡献自己的力量。

第二章
律己正身：自我完善，自我成全

遇到伤人之言，你去反击，与对方硬碰硬，就会让矛盾不断升级，不但会伤害了别人，也会让自己更受伤。善于自省的人，不会选择对抗、反击，反而会反思自己的错处。自省使他们的心胸变得更宽广，选择更温和的方式、更谦卑的态度去应对伤人之言，不但不会让自己受到伤害，反而会赢得尊敬。

实践出真知

见闻之知，不如心之所喻，心之所喻，不如身之所亲行焉。

——（清）王夫之《周易外传·系辞上》

【译文】

从看到的与听到的里面得到的知识，比不上心中已经知晓的，心中知晓的，比不上经过亲自实践的。

【解读】

王阳明说："知者行之始，行者知之成；圣学只一个功夫，知行不可分作两事。"意思是，认识是实践的开始，实践是认识的完成，圣人的学问只有一个功夫，认识和实践是不可以分开看作两样事情的。

苏东坡在《日喻》中记载了这么一个故事：一个盲人不知道太阳长什么样，便问身边的人。有人告诉他太阳像个铜盘，并且还敲了敲铜盘让他听声音；过了几天，盲人听到钟声后，就认为那是太阳。

可见，实践是极为重要的，仅仅通过间接经验或描述可能无法真正理解事物的本质。当盲人听到钟声时，他误以为是太阳，这是因为他只是基于间接的描述去理解，没有通过直接的观察和实践获得真正的认知。

我们只有通过亲身体验，才能真正地掌握知识、技能。所以，我们要积极地参与实践，通过亲身体验获得更深入的认知。当然，我们还要保持开放的心态，接受新的经验和知识，从而进一步拓宽自己的视野。

人欲胜，则天理灭

人之一心，天理存，则人欲亡；人欲胜，则天理灭，未有天理人欲夹杂者。学者须要于此体认省察之。

——（南宋）朱熹《朱子语类》

【译文】

人要留有一心，天理存在，则人的欲望就能消；过于放纵人的欲望，则天理就灭亡了，没有天理和人欲交杂的人。学习的人需要用这个体例去认真反省自己，观察他人。

【解读】

范蠡和文种年轻时是很要好的朋友。后来，二人从楚国到了越国，经过一番打拼成了勾践的左膀右臂，感情十分深厚。

在范蠡、文种的出谋献策与刻苦操劳下，越国成功发兵灭掉吴国，越王勾践封赏众人，任命范蠡为最高军事指挥官。

范蠡深知“人怕出名猪怕壮”的道理，他马上就向勾践呈递了辞职信。辞职信中写道：“您有难的时候，小的不能袖手旁观！您要是丢面子，小的就该以死谢罪。当年您在会稽受了羞辱，我还苟活着是为了有一天能替您报仇。如今大仇得报，我请求处罚。”

勾践听出了范蠡的话外音，赶紧劝说范蠡：“你以后要是犯了错，我给你扛着，有了功劳，我就重重地封赏你，不然我就不得好死。”

勾践怕范蠡还不动心，又劝道：“回去后，我把越国分一半给你，你看如何？”

然而，不管勾践提出什么样的条件，范蠡就是不为所动。勾践只好跟范蠡来硬的，说：“范蠡，你要是敢不听话，我就下旨杀了你！”可是勾践没有想到范蠡性格倔强，当晚就收拾好珠宝带着一家老小跑掉了。

范蠡怕勾践派人追他回去，于是一路辗转，跑到了齐国。范蠡虽然走了，但还想着他的好兄弟文种，赶紧写信给文种，阐述“伴君如伴虎”的道理，想要劝说文种离开。

文种一边舍不得眼前的钱财权势，一边又觉得范蠡说的话很在理，陷入了左右为难的境地。没想到过了不久，文种就被勾践找借口杀掉了，范蠡则有幸逃过一劫。

范蠡到了齐国之后改名换姓，以种植庄稼为生。没用几年时间就成了当地首屈一指的大富翁。齐国的君王听百姓说范蠡很有能力，于是下令邀请他入朝做官。范蠡得知后又举家逃离了。

不久之后，范蠡到了陶地（今山东定陶北）定居，改名为陶朱公，在陶地经商务农，没想到几年之内就做得有声有色，再次成为人人羡慕的富翁。

有人将范蠡的成功归功于他的机遇好。其实，范蠡的成功不仅仅是机遇，更是因为他懂得进退有度。若是当初范蠡没有舍下勾践的赏赐，恐怕他也早早被杀了。

饱暖思淫欲，饥寒起盗心。当一个人的温饱不能得到满足时，他最想要得到的是基本的物质需要，可是当他的基本物质需要得到满足时，他就会觊觎更大的东西。这是人性，是物质社会必然的产物。因淡泊名利而功成身退，这种做法其实是最贴近道家思想的做法之一。道家认为生老病死，草木枯荣，岁月更替都是一种自然现象，更相信“存在即合理”这种说法，他们认为人应该是与世无争的。如果一个人踏上追名逐利、贪婪嗔痴的道路，那么这个人就离惩罚不远了。

人若是被名利所困，那么在他眼中，多大的欲望都不算过分，过犹不及就是这个道理。钱财权势既可以给人带来大富大贵，也可以带来非同一般的灾难。就算是一生都活得小心翼翼，战战兢兢地守护着既得的财富，那么这个人也只会整天忙忙碌碌、如履薄冰、不知所终，享受不到真正的幸福，更不用说感悟生活的真谛了。

一个人只有淡泊名利，才能守得住本心不被外面的繁华纷杂所侵蚀，才能耐得住寂寞，远离尘世的浮华和喧嚣，回归自然的状态。

一心为国，将相之和

一心可以兴邦，一心可以丧邦，只在公私之间。

——（南宋）朱熹《朱子语类》

【译文】

一心为公，可以让国家兴盛；没有了为公的心，国家就会灭亡，这只在公私之间的念想。

【解读】

战国时期，强大的秦国经常倚仗自己的实力攻打别的国家，很多国家都畏惧秦国。

有一天，赵王得了一件和氏璧。秦王知道后立马派人送信给赵王，说愿意拿秦国的十五座城池来换和氏璧。赵王明知秦王是想将和氏璧骗到手，但是又怕秦国发起进攻，于是派遣蔺相如带着和氏璧前往秦国。蔺相如献上和氏璧之后，见秦王绝口不提十五座城池的事，便用智谋保下和氏璧，差人连夜送回赵国。

几日后，蔺相如进宫见秦王时承诺说：“秦国如果有诚意的话，请先把十五座城池交给赵国，我们立马派人把和氏璧送回来。不然，您就是杀了我也没有用，天下人都知道秦国从来不讲信用！”秦王无计可施，只能把蔺相如送回赵国。

过了几年，秦王约赵王在渑池会见。赵王犹豫不决，最后决定由蔺相如随行前往，并且命令廉颇做好抵御秦兵的准备。

刚到渑池，秦王就要求赵王为他鼓瑟。赵王不敢得罪秦王，只好不甘心地鼓了一段。秦王差人记录下这件事情，用来侮辱赵王。蔺相如十分生气，拔剑走到秦王面前以命要挟秦王击缶，秦王只好敲击了一下缶，蔺相如也让人将这件事记录下来。秦王没有占到任何便宜，他得知廉颇已经做好了战斗的准备，只好放赵王回去。

赵王为了表示对蔺相如的感谢，封蔺相如为上卿，职位比廉颇还要高。廉颇觉得很不服气。蔺相如不想与廉颇发生正面冲突，就请病假不上朝，故意避开廉颇。

有一天，蔺相如坐车出去，看见廉颇的车马，就赶紧叫车夫调头。蔺相如手下的人觉得奇怪，问蔺相如为什么要怕廉颇。

蔺相如说，自己这么做是不想削弱赵国的实力。廉颇得知蔺相如的话后十分后悔，背上荆条，到蔺相如的门上请罪。蔺相如见廉颇来负荆请罪，连忙热情地出来迎接。从此以后，廉颇和蔺相如成了好朋友，一起保卫赵国。

在现实生活中，经常会有一些人因为自己不够大度而对一些琐碎的事情耿耿于怀，这样一来就会使自己生活中的“精气神”被分散，从而难以专注于一物，最终难以成功。要想成为一名合格的领导者，必须豁达大度，胸中能有容下天地的格局与气度，学会容纳一切，才能笑对人生。

真诚的重要性

行赏吝色者沮，多许少与者怨，既迎而拒者乖。

——（秦）黄石公《素书》

【译文】

依据功绩的大小，给予赏赐的时候倘若脸上流露出舍不得的表情，功臣们便会觉得灰心。之前许诺了很多，之后真正实现的却很少，一定会让人怨恨。将别人迎进来，却又不让他入内，这是违背常理的。

【解读】

“诚”字，由“言”和“成”两部分组成。“成”有百分之百之意，所以“言”与“成”在一起是指实实在在的言语，即说实话，说实在话。不过，“诚”的意义并不止于此，它还有其他引申含义。《说文》里说：“诚，信也。”是指做人要有诚信。《列子·汤问》里说：“帝感其诚，命夸娥氏二子负二山，一厝朔东，一厝雍南。”是指处世要精诚、真诚，所谓“精诚所至，金石为开”，说的就是这个道理。孟子在《尽心》里也说：“反身而诚，乐莫大焉。”是把反省作为自己最大的快乐，以达到“诚”的最高境界。

有一个士兵，很不善于长跑，在一次部队的越野赛中很快就远落人后。转过了几道弯，他遇到了一个岔路口：有一条标明军官跑的路；还有一条标明士兵跑的小径。他停顿了一下，虽然对做军官连越野赛都有便宜可占感到不满，但是仍然朝着士兵的小径跑去。没想到过了半个小时后到达终点，却名列第一。主持赛跑的军官笑着恭喜他赢得了比赛。

过了几个钟头后，大批人马到了，他们跑得筋疲力尽，看见士兵赢得了胜利，突然醒悟过来——在岔路口诚实守信，原来这么重要。

做人不仅要对别人“诚”，更要对自己“诚”。做到不管是对他人还是对自己“诚”，才是真正的表里如一，真诚如一。

北宋词人晏殊，素以诚实著称。在他十四岁时，有人把他作为神童举荐给皇帝。皇帝召见了他，并要他与一千多名进士同时参加考试。结果晏殊发现考试内容是自己十天前刚练习过的，就如实向真宗报告，并请求改换其他题目。宋真宗非常赞赏晏殊的诚实品质，便赐给他“同进士出身”。

晏殊当职时，正值天下太平。于是，京城的大小官员便经常到郊外游玩或在城内的酒楼、茶馆举行各种宴会。晏殊家贫，没钱出去吃喝玩乐，只好在家里和兄弟们读写文章。有一天，真宗提拔晏殊为辅佐太子读书的东宫官。大臣们惊讶异常，不明白真宗为何做出这样的决定。真宗说：“近来群臣经常游玩饮宴，只有晏殊闭门读书，如此自重谨慎，正是东宫官合适的人选。”晏殊谢恩后说：“我其实也是个喜欢游玩饮宴的人，只是家贫而已。若我有钱，也早就参与宴游了。”这两件事，使晏殊在群臣面前树立起了信誉，也使宋真宗对他更加信任。

到了现代社会，我们虽然不能做到像圣人一样“至诚”，但是在适应社会的同时，在行为上也要做到真诚，这是真诚原则的最低底线。

而这种真诚原则不是说做人要像愣头青一样，做事横冲直撞。我们不排斥处世圆滑，就像善意的谎言一样，虽然撒了谎，但是有时候很可能会拯救一个人。“吾日三省吾身”不是丢人的事情，自己骗自己才可怕，即使是权威的宪法，隔一段时间都会有修正案，更何况是人呢？而对一个国家来说更是如此，知道反思才能弥补缺漏，社会才能进步，否则一味地墨守成规，忽视本身存在的问题，那这个缺陷只会越来越大。

人贵自知，量力而为

故知之始己，自知而后知人也。其相知也，若比目之鱼；其伺言也，若声之与响；其见形也，若光之与影。其察言也，不失若磁石之取针，如舌之取燔骨。

——（战国）鬼谷子《鬼谷子》

【译文】

想要了解他人，就必须先了解自己，只有了解了自己，然后才能了解别人。对别人的了解，就像一起游动的比目鱼一样没有距离；掌握对方的言论，就像声音与回响一样相辅相成；明了对方的情形，就像光和影子一样交相辉映；侦察对方的言辞，不失为如同用磁石来吸取钢针，就像用舌头来获取焦骨上的肉筋一样。

【解读】

人贵有自知之明，就是要真正了解自我，摆正自己的位置，不要去做那些超出自己能力之外的事。

汉高祖刘邦曾说，论筹集粮草，安抚百姓，他不如萧何；运筹帷幄，决胜千里，他不如张良；指挥千军万马，克敌制胜，他不如韩信。然而他的长处在于使人才各尽其能。刘邦不因自己才能不济而嫉贤妒能，而是正确认识到自己的才能在于招揽人心，知人善任，终使汉家人才济济，一统中国。

宋朝词人柳永，早年热心仕途，然而连遭打击，他终于认识到自己的天地不在庙堂，而在民间；自己的最佳身份不是封侯拜相，而是文人。于是他豁然开朗，自称“奉旨填词柳三变”，潜心研究制词、音律，吟风弄月，流连于舞榭歌台，将宋词的温柔旖旎推向极处，成为人们所喜爱的词人。

韩愈说过：“术业有专攻。”每个人都有自己不擅长的地方，这没什么可难堪的。如果一个人没有自知之明，去硬揽自己无法胜任的“瓷器活”，其结果必然是一败涂地。

赵括从小就学习兵法，认为天下没人能比得上他。他曾经跟父亲赵奢议论过用兵打仗的事，赵奢也不能驳倒他。

然而，尽管赵奢承认赵括的辩才，却从不承认他的军事才能。赵括的母亲问起其中的原因，赵奢说：“战争是以命相搏的事情，但是赵括把它说得轻而易举，假使赵国不让赵括做将军也就算了，如果一定要他担任将军，那么毁掉赵国军队的一定是赵括了。”

周赧王五十三年（前262年），秦军占领了野王，进而攻占上党，还准备向长平进军。赵国派老将廉颇抵挡秦军。廉颇一到长平，连忙守住阵地，叫兵士们修筑堡垒，深挖壕沟，跟远来的秦军对峙，准备长期抵抗。

王龁几次三番向赵军挑战，廉颇说什么也不跟他们交战。王龁想不出什么法子，只好派人回报秦昭襄王，说：“廉颇是个富有经验的老将，不轻易出来交战。我军老远到这儿，长期下去，只怕对我军不利。”

秦昭襄王请范雎出主意，范雎说：“要打败赵国，必须先叫赵国把廉颇调回去。”秦昭襄王说：“这哪办得到呢？”范雎说：“让我来想办法。”于是派探子到赵国散布谣言，说秦国就是怕让年轻力强的赵括带兵，廉颇不中用，眼看就快投降了。

赵王早就听过赵括的名声，传说他在兵法上的造诣比他父亲还厉害，听到了这种传言后，便把赵括找来，问他能不能打退秦军。赵括说：“要是秦国派白起来，我还得考虑对付一下。如今来的是王龁，他不过是廉颇的对手，要是换上我，打败他不在话下。”

赵王听了很高兴，就拜赵括为大将，去接替廉颇。蔺相如对赵王说：“赵括只懂得读父亲的兵书，不会临阵应变，不能派他做大将。”赵括的母亲听说赵王要封赵括为将，也赶紧过来劝阻，说：“他父亲临终的时候再三嘱咐，不能让赵括带兵打仗，如果用他为大将的话，只怕赵军会断送在他手里。”赵王却说：“我已经决定了，你们都别管了。”

赵括到了长平，立即把廉颇规定的一套制度全部废除，下令主动出兵进攻秦军。此时的秦军统帅已经秘密换成了白起，他针对赵括骄傲轻敌的弱点，采取了佯败后退、诱敌脱离阵地，进而分割包围、予以歼灭的作战方针，获得了战争的胜利。赵国四十余万士卒除了年少体弱的二百四十人归赵，其余全部被坑杀于长平，赵国上下为之震惊。

名气大的人却不一定有真本事，这类人往往只擅长口舌之争。赵王不听人劝，轻信徒有虚名的赵括，使赵国遭受了毁灭性的打击，从此再也无力与秦军相抗。

三省吾身，求诸其身

子曰：“射有似乎君子，失诸正鹄，反求诸其身。”

——（春秋）子思《中庸》

【译文】

孔子说：“射箭有和君子的行为相似的地方，射箭射偏了靶子，要反过来在自己的身上找原因。”

【解读】

在遇到挫折的时候，很多人都会怨天尤人，却从未学会先去寻找自身的原因。

在孔子生活的时代，有一个叫高柴的齐国人，身高不足五尺，受业于孔子门下，是孔门弟子中从政次数最多、时间最长的一个。

卫庄公元年（前 480 年），卫国发生政变。高柴见状逃离卫国，路上被卫国挑起政变的人所追杀。跑到东门的时候，追兵已经近在咫尺，这令高柴焦头烂额，不知如何是好。这时候，他突然发现守门的人是个瘸子，还有点面熟，只是一时未曾想起，就问这个守门人，这附近是否有可以藏身之处。

守门人说这里有个墙洞可以进去躲躲，但高柴觉得自己是个有身份的人，不能钻墙洞，就苦着脸拒绝了。守门人又想了想，把高柴藏进了自己的小屋之中，且从门外将小屋上了锁。

高柴在黑暗的小屋之中想了很久，终于想起这个守门人是自己以前亲自审讯过的一桩案子的案犯。当时，他依照刑律，砍掉了这犯人的一只脚，并罚他看守城门。如今，自己落到这番田地，要是这人趁机报复自己，自己可是插翅难逃啊！

高柴正想着，追兵到了。只听门外有人厉声质问守门人："你刚才有没有看到一个人从这跑过去？"

"恕在下愚钝，不知大人所讲的是什么人。"

"就是那个假斯文的高柴！"

"原来是那个高柴啊！苍天有眼，如今连他也犯法啦！我要是看见他，绝对饶不了他，就是他害得我现在成了残废，不把他剁成肉酱我誓不为人！"守门人指天发誓，表明自己以前确实和高柴有仇。

追兵看也问不出什么来，便策马扬鞭出了城。守门人等追兵走远了，打开屋门，让高柴速速逃命。

高柴听到守门人与追兵的对话，心里既感动又愧疚，便问道："我从前执法砍了你的脚，想必你一定记得我吧。是我害你成了残废，你怎么能不记恨我呢！今天我落得此般田地，你正好可以复仇啊，为什么你非但没这么做，反而还助我逃命呢？"

守门人看着高柴一脸愧疚，说："大人不必挂念从前之事。我是被您砍了脚，但我是因为醉酒伤人在先，罪有应得啊！而且，我也知道您在量刑的时候不仅同情我，为我减轻刑罚，还在我受刑的时候，心中动了恻隐之心，把脸背过去不愿意看我受苦。只有仁德的人才有这样的同情心啊！这就是我今日搭救您的原因。追兵已经远去，但我怕他们因为找不到人，又折返回来，您还是尽快逃离吧！"说罢，守门人指了一条与追兵方向相反的小道，让高柴从这里逃脱了。

守门人遭到刑罚，脚被砍掉，这是一件非常痛苦的事情，但他丝毫没有记恨别人，反而思索自身的不足，寻找自身的原因。如果人们都可以学会先从自身寻找错误和不足，我想，这个社会必然会和谐得多。

自我反省，内省不疚

《诗》云："潜虽伏矣，亦孔之昭！"故君子内省不疚，无恶于志。君子之所不可及者，其唯人之所不见乎！

——（春秋）子思《中庸》

【译文】

《诗经·小雅·正月》说："虽然隐藏了起来，却也是昭昭然地明显呀。"所以，有道德的君子无论何时何地，都能省察自身，不会做错事而抱愧，也不会有什么事会伤害他的完美心志。有道德的君子，一般的人之所以远远不及他，那是因为他善于在寻常人所看不见的地方存养自我。

【解读】

我们总说遇到问题要从自身找原因，但是只有为数不多的人能反观自身，拥有自省的能力。

汉文帝刘恒是汉高祖的儿子，在位二十三年，他在文帝十三年时下诏书废除肉刑。

在秦朝，为了防止百姓造反，用的都是严刑峻法，受刑的人不计其数。肉刑有四种：墨（刺黑字于额）、劓（割鼻子）、剕（断脚）、宫（割势）。汉高祖刘邦推翻秦朝后，这样的刑法仍未改，文帝感到肉刑太不人道，便下诏书废除了其中三种，宫刑一直到了隋朝才被废除。

他在诏书中这样说道："今法有肉刑三，而奸不止，其咎安在？非乃朕德之薄而教不明欤？吾甚自愧。故夫训道不纯而愚民陷焉。今人有过，教未施而刑已加焉，或欲改行为善，而道亡窑繇至，朕甚怜之。"意思是：现在虽然有了三种肉刑，但并没能阻止坏事发生，这是什么原因呢？莫非我的德行不够，没有给大家明确的教导？我感觉很愧疚，是道德的教训不到家，所以老百姓才犯了错误。现在有些人犯错误，是因他们未能接受教育，而刑法不管这些，强加于人。也有可能这些人愿意改恶从善，却没有机会，我很可怜他们。

如果说秦始皇是暴君的话，那么对于同样也是皇帝的汉文帝来说，他有了更多疼爱百姓的心，他能够在百姓的犯罪中去反省自己的责任。这对于高高在上的皇帝来说，是很难得的，正因为如此，才创造了我国历史上难得的"文景之治"。

有人说"伤人之言甚于剑戟"，然而再狠的话也伤害不了善于自省的人。其实话语本身并不会伤人，真正伤人的是你对这些话语的不满、愤怒甚至是敌意，是你自己伤了自己。而善于自省的人，他们总是去反省自身的错误，看到对方话语中积极有利的一面，自省使他们的心胸变得更宽广，选择用更温和的方式、更谦卑的态度去应对伤人之言，不但不会让自己受到伤害，反而会赢得尊敬。

不“争”之道，方为“争”道

善为士者不武，善战者不怒，善胜敌者不与，善用人者为之下。是谓不争之德，是谓用人之力，是谓配天、古之极也。

——（春秋）老子《道德经》

【译文】

善于做将帅的人，不会炫耀武力；善于投身战斗的人，不处处与人争强好胜；善于胜敌的人不趾高气扬，懂得谦逊求教；善于驱动别人的人对他人表示谦下。这就叫作有了不争的德行，有了善于驱动别人的能耐。这就是配合天道行事的最高原则。

【解读】

老子教育我们为人处世要学会“不争”，这是一条高级的行事法则。但在我们身边懂得这个道理的人太少了，更多是一些处处向他人炫耀的人。这其实是很愚蠢的做法，是很多人做事情不能成功的重要原因。

老子的“不争”不是一种消极的避世思想，是在教育我们，不要去“争名夺利”，而是要“争气”。

张之洞，字孝达，号香涛，又是总督，称“帅”，故时人皆呼之为“张香帅”。他是晚清四大名臣之一、清代洋务派代表人物。张之洞当年参加科举考试，名列第三。这样的成绩已经很不错了，但在张之洞的心中，他要“争”的是第一。他曾有个口号：“平生不做第二人。”意思是要做就做第一，决不屈居第二。

科场考试本来就无定数，谁也不敢夸下海口，说自己一定可以得到第一。但张之洞为自己立下目标，他一定要争这个第一名。我们或许觉得这和老子的“不争”思想格格不入，像张之洞这样“争强好胜”的人，应该不会成就一番大事。其实不然，这正是张之洞的高明之处，张之洞为晚清的发展和我国工业的发展都做出了重大贡献。这也正是老子思想的深刻之处，我们要学会活学活用，“不争”是告诉我们要有长远的眼光，不要只为眼前的得益去争，而不是让我们消极避世。

张之洞经手筹建官办新式企业无数：在广东，有枪弹厂、铁厂、枪炮厂、铸钱厂、机器织布局、矿务局等；调任湖广总督后，他以武汉为中心，先后创办了汉阳铁厂等一批近代工业企业，并开办内河船运和电讯事业。

张之洞办了这么多工厂，按理说应该很富有，但他从不向别人炫耀他的富有，日子也过得勤俭节约，一点都不浪费。他为官清廉，从不索贿受贿，也从不与他人争名夺利。

张之洞在自我评价时说：“平生有三不争：一不与俗人争利，二不与文士争名，三不与无谓争闲气。”他在临终遗言中说：“人总有一死，你们无须悲痛，我生平学术治术，所行者，不过十之四五，所幸心术则太中至正。为官四十多年，勤奋做事，不谋私利，到死房不增一间，地不加一亩，可以无愧祖宗。望你们勿忘国恩，勿坠家风，必明君子小人之辨，勿争财产，勿入下流。”

我们要活学活用老子的思想，张之洞不争名和利，而是为自己争口气。他争的是自强不息、不甘落后、奋发有为的信念。这争与不争的辩证关系实在是一个大境界，也正是在争与不争上的超越，才造就了张之洞的伟业。

在现实生活中，我们既要学会“争”，又要学会“不争”，争那些我们应该争的东西，放弃那些华而不实的东西，这样我们的人生才更加有重量。

去彼取此，得长舍短

五色令人目盲，五音令人耳聋，五味令人口爽，驰骋畋猎令人心发狂，难得之货令人行妨。是以圣人为腹不为目，故去彼取此。

——（春秋）老子《道德经》

【译文】

缤纷绚丽的色彩令人眼花缭乱，嘈乱纷杂的音乐使人耳朵失聪，口味浓烈的佳肴使人丧失味觉，骑马奔驰在野外狩猎玩乐使人内心狂乱，稀奇难得的珍贵宝物使人的行为不轨。所以，圣人只追求维持基本的生存需要而不会沉湎于感官的享受，因此应当舍弃外物的繁华而保持平和的生活。

【解读】

西周末年，天灾人祸频繁发生，百姓饥寒交迫。在这种情况下，周幽王不但不设法安定民心，反而过着更加奢靡荒唐的日子。

周幽王曾娶了申侯的女儿做皇后，立他与皇后的儿子宜臼为太子。可他后来又爱上了一个名叫褒姒的女人，在褒姒为其诞下一个儿子以后，周幽王不但想废掉宜臼，还想让老虎咬死这个阻碍他立褒姒的孩子为太子的宜臼。幸亏宜臼胆子大，大吼一声吓退了老虎，这才幸免于难。宜臼从此对周幽王存了戒心，后来他找准机会偷偷逃出王宫，跑到他的外祖父家躲了起来。

褒姒这个人很怪，从来不笑，似乎没有东西能够让她变得开心起来，周幽王想出了无数条妙计，都难以博得美人一笑，哪怕是悬赏千金求一条良计也没有起到丝毫作用。

有个叫虢石父的人看到悬赏之后，给周幽王献了一条计策，这条计策就是遗臭万年的“烽火戏诸侯”。

当时，西周为了防备西边犬戎部族的侵略，在镐京附近的骊山一带修了许多烽火台，如果守台的士兵发现犬戎部族来犯，晚上就在烽火台烧起大火，白天就在烽火台上烧狼粪使它冒烟，向诸侯发出警报。远方的诸侯看到狼烟和火光，马上就会知道京城告急，天子有难，方便他们赶快带着军队前来救援。

这天，周幽王带着褒姒来到城楼上，他派人在烽火台上烧狼粪。诸侯们看到狼烟，以为天子有难，急忙派出大军赶来救援。当他们赶到镐京城下时，却看不到一个犬戎兵士，见到的是周幽王和褒姒坐在城楼上喝酒看热闹。不过诸侯的一路奔忙还真把褒姒逗笑了，褒姒的嫣然一笑可把周幽王高兴坏了，马上给虢石父千金的奖赏，而那些被愚弄的诸侯气坏了，都骂骂咧咧地带兵回去了。

宜臼的外祖父听说周幽王废掉了申后和太子宜臼，非常生气，于是他联合犬戎发兵来攻打镐京。周幽王看到犬戎真的来了，赶紧派人去点燃烽火，向诸侯求救，可这次，诸侯们以为周幽王又拿他们取乐，所以没人派兵前来镐京救援。于是镐京被犬戎部族的兵士们攻破了，周幽王逃到骊山脚下被杀，褒姒被掳走，周王室积存的宝物被洗劫一空。

古往今来，多少英雄为美色所诱惑，为情爱所困，最终导致自己的失败，甚至山河梦断，亡国亡民，自己也落一个悲惨的下场。

腐败和堕落的种子总是扎根在富丽堂皇、五光十色的美梦中。美女、权势、钱财无不散发着耀眼的光环，引着陷入其中的人拼命地追赶。当我们对这些五光十色的俗事追求到“发狂”的境界时，往往离自取灭亡也就不远了。

仁者为知仁义之为利

子思、孟子之言，一也。夫唯仁者为知仁义之为利，不仁者不知也。

——（北宋）司马光《资治通鉴》

【译文】

孔子和孟子的话，都是一个道理。只有那些有仁义的人才会知道仁义是最大的利，没有仁义的人是不会明白的。

【解读】

孙思邈生于一个贫穷的农民家庭。自幼聪慧过人，有过目不忘的本领，小小年纪便熟读老、庄及百家之说，被洛阳总管独孤信赞为神童。

因其体弱多病，十八岁立志行医，二十岁即开始悬壶济世。对于没有钱看病的人，他不但不收诊费和药费，还把房子腾出来给病人，亲自给病人煎药喝。无论何时何地，只要有人请他看病，他从不推辞，无论病人是谁，地位高低，他都一视同仁。

孙思邈的家乡生产药材。在他学习医书的时候，上面有些知识让他产生怀疑。于是，他翻山越岭，以采药之法一一进行验证。采药归来，他亲自加工药材，有时还亲自试用，感受其药性，辨识酸、甜、苦、辛、咸五味并加以准确注解。

孙思邈重视医德，“贵贱贫富，长幼妍蚩，怨亲善友，华夷愚智”皆一视同仁。声言“人命至重，有贵千金”。他认为，医生须以解除病人痛苦为唯一职责，其他则无欲无求，对病人一视同仁。

在孙思邈生活的那个年代，政治纷乱，天下不宁，疾疫盛行。很多人因得不到及时的救治失去了生命。医生虽救死扶伤，但地位很低，当时的人都以行医为耻，而以升官发财为荣。

隋文帝鉴于其医术高明，曾请他出任“国子博士”。这是个很高的职位，但孙思邈不喜高官厚禄，托病不就，继续隐姓埋名，游走于各地为百姓治病。

多年后，李世民率军在洪洞与刘武周进行决战，战斗中李世民负重伤，就连随军医生都束手无策。孙思邈听闻，不远万里来到前线，为李世民治伤。李世民登基后，想要表彰孙思邈之功，便将一个显赫的爵位授予他。但孙思邈推辞不受，继续在民间行医。唐高宗显庆四年（659年），孙思邈奉召入京，为李治诊病。李治打算拜其为谏议大夫，但孙思邈又一次拒绝了。

唐高宗永淳元年（682年），孙思邈以百岁高龄去世。他的长寿，和他仁义为怀的医者之心分不开，所谓“圣德之人福寿长”，说的就是这个意思。其高超的医术及仁义为怀的医德，也成为后世之楷模，被后人永远铭记。

大德容下，大道容众

大德容下，大道容众。盖趋利而避害，此人心之常也，宜恕以安人心。

——（明）张居正《权谋残卷》

【译文】

大德能容纳下人，大道能容纳众人。众人的心如同水一样，向利益流动但逃避灾难，这是人之常情，所以应该对他们给予宽恕从而安定人心。

【解读】

战国时期著名的军事家吴起，因为爱护自己的士兵，身先士卒，得到了人们的爱戴和尊重。有一次，他的一个士兵受伤了，伤口疥疮化脓，吴起见了，就用嘴去给这个士兵吸脓，士兵们非常感动。吴起在军事上可能并没有太多过人的谋略，但是他爱护士兵，并且以身作则，这是他成为一个常胜将军的重要原因。

东汉时期的丞相刘宽，待人非常仁慈宽厚。自己的部下如果做错事情，他从来不会生气，总是体谅部下的苦衷。他对待自己的妻子和家中的仆人也非常宽容。有一天早上，他穿戴整齐正准备去上早朝，家中的侍女给他端来一碗鸡汤，不小心将汤洒在了他的衣服上。侍女非常害怕，忙帮他擦拭干净，并等着挨骂。但是刘宽语气非常平和，还问这位侍女有没有烫伤自己，刘宽的妻子也因此而更加敬重他。

三国时期的蒋琬曾说："宰相肚里能撑船。"诸葛亮去世之后，蒋琬开始主持朝政，他有一个叫杨戏的部下，杨戏性格孤僻，不爱交流，有时候对蒋琬说的话也是只应不答。蒋琬的其他下属看见杨戏这样没有礼貌非常生气，但是蒋琬说，杨戏的可贵之处就在这里，让他当着众人的面夸我，他是做不出来的，所以他只能默不作声，他觉得我做得不对的地方，他也不好意思当面说。后来大家都因为蒋琬的度量而称赞蒋琬。

从上面的几个小故事中，我们可以从古代德高望重的人身上学到他们为人处事的态度。

当今社会，如果你是领导，要先端正自己，宽厚待人，如果你很轻浮、很草率，那么整个团队里的人就会和你一样，所以你要给大家树立榜样，在你的带动下，整个团队才会越来越好。

不计仇怨，堪谋其事

不执一端，堪避其险也。不计仇怨，堪谋其事也。

——（北宋）薛居正《势胜学》

【译文】

不固执地遵循一种看法，才能更好地规避风险。不斤斤计较仇恨和恩怨，才能谋划大事。

【解读】

有一句话说：“我不识何等为君子，但看每事肯吃亏的便是；我不识何等为小人，但看每事好便宜的便是。”在生活中，大多数人愿意占便宜，但是每个人又都不喜欢爱占便宜的人，所以我们要想得到别人的尊重，先要学会吃亏。

在我国东汉时期，洛阳的太学里有一位叫甄宇的太学博士。皇帝在每年腊月的时候，会给每个博士分一只羊，但是，一群羊大小不一。大家商量怎么分的时候，有的人说抓阄分吧，全凭运气，也算是公平的；还有人说，把羊杀了分肉吧，这样最公平。这时候，甄宇说这样的办法都不好，他率先领走了最瘦的一只小羊。大家看了之后，也都各自随意领着一只羊走了，不再抱怨羊的大小。后来甄宇被称为“瘦羊博士”。真是“吃亏是福”啊，甄宇因为分羊时牵了一只瘦一些的小羊就让自己的美名流传了两千年。

在现实生活中，我们总会遇到一些有关得失的问题。有时候可能是老板让我们吃亏，有时候可能是同事让我们吃亏，但是我们真的应该吃亏吗？吃亏之后我们到底能够得到什么呢？有的员工斤斤计较，总是进行一些利益之争，也有的员工觉得退一步海阔天空，不愿意为了一点儿小小的利益去争。随着时间的流逝，我们会发现，那些爱吃亏的员工，最后往往能够得到老板的赏识，同时也会得到其他员工的认可。

要有吃亏是福的心态：若一个人处处不肯吃亏，而处处想占便宜，于是骄狂之心日盛，难免会侵害别人的利益，纷争四起，又怎能不吃亏呢？其实幸福无所不在，吃亏是福，吃苦是福，平淡是福，最关键的是傻人会有傻福。吃亏是福关键在于心，在于不计较个人得失，只有从生活中、从为人处事中总结经验，并有所改善，才是真正的智者。

笃信固亦是，不如反求之切

笃信固亦是，然不如反求之切。今既不得于心，安可狃于旧闻，不求是当？

——（明）王阳明《王阳明全集》

【译文】

虽然相信圣人没错，但远不如反省探求自己来得好。现在你的心里既然没有想清楚，你怎么能因循守旧，而不去探寻真正的答案呢？

【解读】

孔子向师襄学习弹琴。一开始，他用心学习，反复弹奏同一首曲子，十日而不进。师襄看到孔子如此专注，便劝他学习新的曲子。然而，孔子却回答说："我虽然已经熟悉了这首乐曲，但是还没有熟练地掌握弹奏这一曲的所有技法，还需要继续练习。"

过了一段时间，当孔子掌握了弹奏技巧后，师襄再次建议他学习新曲。但孔子又回答说："我还没有领会乐曲中所表达的情感和意蕴，我还需要继续在弹奏中深入地体悟。"孔子不满足于技巧的掌握，更追求对乐曲情感和内涵的深入理解。

再过些日子，当孔子已经深入理解了乐曲的情感和意蕴后，师襄以为他可以学习新曲了。然而，孔子说："我还没有将作曲者是怎样的一个人体会出来，我还要继续练习。"

最终，孔子通过深入研究和反省，不仅掌握了琴技，更理解了乐曲的深层含义，甚至体会出了作曲者的为人风貌。师襄被孔子的精神深深打动，对他大为赞赏。

这个故事充分展示了孔子不满足于表面，不断自我反省和深入探求的精神。他不仅仅学习弹琴的技巧，更通过琴曲去理解和感悟人生、世界的真理。这种对真理的追求和对自己不断反省的精神，正是我们今天应该学习和借鉴的。虽然相信圣人或前人的教导没有错，但真正的知识和理解来源于我们自己的实践和思考。只有通过自己的努力和探索，我们才能真正掌握知识，理解世界，实现自我成长。

仁义之莫强于天下

甚矣，仁义之莫强于天下也。五伯假之，而犹足以维天下而获天下之显名，而况于出之以忠，行之以信者哉！

——（明）刘伯温《郁离子》

【译文】

恐怕天下没有比践行仁义带来的力量更强大的了。春秋五霸通过仁义来维系人心，获得了非常显赫的名声，何况那些出于忠心，通过仁义来指导自己行为的人呢？

【解读】

俗话说：得民心者得天下。君子以和为贵，以德服人，终能收获民心，而收获民心的人，可以在各个领域获得人们的帮助，从而获得成功。

刘备是中山靖王刘胜的后裔。早年由于父亲刘弘早逝，穷困潦倒，与母亲一起靠织席贩履为生。

汉灵帝熹平四年（175 年），刘备外出求学，与刘德然、公孙瓒一起拜于原九江太守同郡卢植的门下。刘德然的父亲常常资助刘备，将他和刘德然同等对待，但招致德然之母的不满。德然之父刘元起说：“宗中有这样一个孩子，不是个平常人啊！”

刘备素以仁义闻名,为官时没有一点架子。汉献帝初平二年（191 年），刘备与青州刺史田楷一起对抗冀州牧袁绍。刘备因屡建功勋升为试守平原县县令，后领平原国相。在任期间，刘备在外御贼寇，在内乐善好施，即使普通百姓都可以与他同席而坐，同簋而食。所以刘备深得人心。但有一个叫刘平的郡民不服从刘备的治理，便派刺客前去暗杀。刘备毫不知情，见了刺客依旧十分注意礼节，这使刺客十分感动，当即下跪叩头认错，坦露实情离去。

建安十三年（208 年），曹操亲自挥师南下，而此时，荆州刺史刘表身染重病，自知不久于人世，于是召刘备至病榻前，想要将荆州托付于他，然刘备念荆州为同宗刘表之地，如果接受恐会背上不义之名，便婉言谢绝了。当年八月，刘表病故，次子刘琮代领荆州刺史之位。刘琮在蔡瑁等人的唆使下，投降曹操。当时刘备驻军樊城，并不知道曹操大军已经到达荆州，便派使者前去荆州询问刘琮，刘琮令宋忠召刘备宣旨。

而当时曹操大军已至宛城，刘备听闻大惊，又耻杀宋忠，便率众逃离。

诸葛亮劝刘备趁此机会攻打刘琮，占据荆州，收取荆州之兵，拒城以抗曹军。然刘备念同宗之情，不忍相夺。很多荆州人士皆弃琮随备，更有十万百姓自愿跟随刘备逃亡。有人劝刘备抛弃那些难民，轻装前进，但刘备不忍，指责道："这些都是汉室的子民，因为不愿意被曹操统治才自愿跟我们走的，这是人民对我们的信任啊！你现在让我抛弃他们，我做不到！"于是，刘备执意率众难民同行。但由于难民行动速度缓慢，而刘备的部队在撤退的同时还要分兵保障难民的安全，因此，整体的行军速度十分缓慢。另一方面，刘备派关羽前去江夏请刘琦派水军予以支援。刘琦深知刘备大义，特命水军随关羽前来迎接刘备一行，使刘备得以栖身江夏，恢复实力。

赤壁之战后，曹操败退北方，一蹶不振；孙权依据江东；而刘备则向孙权借得荆州，暂有安身之地。至此，三足鼎立之势已初步形成。西蜀刘璋，亦与刘备同宗，然刘璋听闻曹操将派军征讨汉中王张鲁，心生恐惧，便向刘备求援，却招致群臣的反对。时任刘璋主簿的黄权对刘璋劝说道："刘备有骁勇之名，若以部下身份待之，无法满足其心愿；若以宾客待之，一国不容二主，这不是使自己安全的办法。"然刘璋不依，乃命法正领兵迎接刘备入川。

刘备率部自江陵至涪城，刘璋率步骑兵约三万余人前来与刘备相会，欢聚宴饮达百余日之久。刘璋以大批辎重资助刘备，让他去讨伐张鲁，而后两人告别。

当时，庞士元已被刘备收归门下，庞士元向刘备进言说："荆州荒芜残败，人物流失殆尽，且东有孙权，北有曹操，难以有大的发展。益州户口百万，土地肥沃，物产丰饶，若取此地，以为根基，可成大业！"但刘备仍然担心，说："今操与吾势如水火，操峻而我宽，操暴而我仁，操诈而我诚。凡事反之，方有今朝。今若为益州而失信于天下，能行吗？"士元说："如今乱世，不应墨守成规，应随机应变。且吞并弱小，攻击昏聩，逆取顺守，报之以义，这是古人所重视的。事成之后，封其一地，此举何为不义之有？当下应速取益州，以免错失良机！”

刘备遂领兵入川，然并未真正有取西川之意。后因张任设伏，于落凤坡射杀军师庞士元，使得刘备悲愤不已，遂下令攻取西川，为士元复仇。慌张之余，刘璋向张鲁求援，张鲁则令马超率军前往西川支援刘璋，阻击刘备。马超与张飞于葭萌关挑灯夜战三百回合，打得难解难分。此举使得刘备对于马超十分欣赏，遂使诸葛亮前往招降。招降既成，刘备便令马超前去攻取成都。刘璋见马超已归顺刘备，悲愤不已，遂开城献降。

建安二十五年（220 年），曹操病逝，其长子曹丕篡汉自立为帝，建立魏国。次年，刘备在诸臣的劝说下，于益州称帝，建立蜀汉王朝。黄龙元年（229 年），孙权在吴国称帝。至此，魏蜀吴三国鼎立的局面正式形成。

纵观刘备的前半生，不难看出，因为一味忠于仁义，使得刘备错失了很多的绝佳机会，但也正是因为仁义，他收拢了民心，得到了人们的拥戴。

在商场之中盛传着一句话：和气生财。有的商人，之所以可以将生意做大，拥有巨大的财富，这与他们一直对人保持和气是分不开的。他们往往不会计较小的利益，尽最大的努力满足客户的要求。人生其实也是这样，只有和气待人，真诚待人，才能收获到真正的友谊。

以人为镜，可以明得失

夫以铜为镜，可以正衣冠；以古为镜，可以知兴替；以人为镜，可以明得失。

——（晋）刘昫《旧唐书·魏徵传》

【译文】

一个人用铜作镜子，可以整理衣冠；用历史作镜子，可以知晓朝代兴衰的道理；用人作镜子，可以明白得失、对错。

【解读】

在唐太宗的宫廷中，有一位贤臣名叫魏征，他以善谏著称，常常直言不讳地指出太宗的过失。唐太宗虽然有时会对他的直言感到不悦，但内心深处深知魏征的忠诚和才智，因此对他既敬畏又尊重。

一日，唐太宗得到了一只极其珍贵的鹞鹰，羽毛丰满，眼神犀利，令太宗爱不释手。他兴致勃勃地坐在书房中，把玩着这只鹞鹰，欣赏着它的美丽和矫健。

就在这时，魏征走了进来，准备向太宗奏事。太宗一看见魏征，心中便是一紧。他并非害怕魏征本人，而是担心魏征会批评他玩物丧志，耽误国事。于是，太宗急忙将鹞鹰藏入怀中，试图掩盖自己的兴趣。

魏征何等聪明，他早就看见了太宗藏鹞鹰的动作，但他并没有直接点破。他故意奏事奏了很久，详细汇报了朝廷的各项事务。太宗一边听着魏征的奏报，一边心中焦急，担心鹞鹰在怀中闷死。然而，他又不敢在魏征面前拿出鹞鹰，只能强忍着心中的焦虑。

终于，魏征奏事完毕，转身离去。太宗松了一口气，急忙从怀中取出鹞鹰。然而，当他看到鹞鹰时，发现它已经没有了生气。

太宗看到这一幕，心中愤怒不已。他并非愤怒魏征的奏事时间长，而是愤怒自己因为害怕魏征的批评而失去了心爱的鹞鹰。他觉得自己在魏征面前失去了君主的威严和自由，这让他无法接受。

就在这时，长孙皇后走了进来。她看见太宗愤怒的样子，便询问发生了何事。太宗将事情的原委告诉了长孙皇后，并表示要惩罚魏征。然而，长孙皇后为魏征辩护，她称赞魏征是忠臣良相，他的直言不讳是为了国家的利益。她告诉太宗，应该感激魏征的忠诚和直言，而不是因为失去了鹞鹰而迁怒于他。

唐太宗听了长孙皇后的话，心中渐渐平静下来。通过这一事件，唐太宗不仅认识到了自己的错误和不足，也加深了对魏征的尊重和信任，将魏征视为一面镜子，时刻照见自己的不足。

唐太宗以人为镜的故事告诉我们，作为领导者，应该时刻保持谦虚和开放的心态，善于从他人的言行中汲取智慧。只有这样，才能不断提升自己的领导能力和水平，带领团队走向成功。

上下通诚，信而不疑

非诚信无以取爱于其君，非诚信无以取亲于百姓。故上下通诚者，则暗相信而不疑；其诚不通者，则近怀疑而不信。

——（唐）武则天《臣轨》

【译文】

如果一个官员不讲诚信，那他就得不到君主的喜爱；如果不诚信，就不能与百姓亲近。因此，君臣以诚相待，在任何情况下都能互相信任而没有怀疑；但君臣不能真诚相待，即使表面上很亲近，也会因为怀疑而对彼此不再信任。

【解读】

《礼记·学记》中说：大信不约，意思是说最高境界的诚信是不需要条文约定的，这个人本身已经足够令别人信任。

历史上守信多助的故事有很多，比较有名的来自元末明初的文学大家宋濂。宋濂小时候特别爱学习，但是因为家中十分贫困，他没钱买书，以致无书可读。于是宋濂想了一个办法，他每次都会去那些藏书大家和名家手上借书，借来以后，都自己用笔抄录下来，等到了规定的时间再按时奉还。

哪怕是在寒冬腊月，砚台都结了冰，坚固冷硬得难以磨开墨水，手指被冻得弯曲且难以伸直，宋濂都始终坚持抄书。每把一本书抄完，宋濂都会一路跑着去把书送还给借书给自己的人家，从来没有超过别人给他设定的时限。

后来，人们在借书给宋濂的时候，都会主动不跟他规定时限，因为在他们心里宋濂是一个讲究诚信的人。宋濂的诚信品质也让他在自己日后为人做官的道路上走得一路顺畅。

历史上失信寡助的例子也有不少，“烽火戏诸侯”中的周幽王就是因为将诚信当作儿戏，最终导致了亡国的悲剧。此外，刘伯温所著的《郁离子》中也记载了一个失信丧生的故事。

故事说的是一个商人在过河的时候所坐的船沉了，他为了活命，便大声呼喊，说自己是大富翁，如果有人救他，他就给那个人一百两银子。于是当时在岸上的人纷纷跳下去救他。等把这个富商救上来以后，他却只给了救他的那个人十两银子，那个人追问富商为什么只给他十两。富商说，得到十两就应该心存感激了，为什么还要贪图更多？富商坚决不给他剩余的银子，最终也只能不了了之。

巧的是，后来富商又一次经过这条河，他的船又沉了，于是他同样大声呼救，说谁要是救了他，他就给那人一百两银子。而那个时候，之前救他的那个人正在岸上，他听到富商的话，就劝其他人不要相信，因为富商是个不守诚信的人。后来，这个富商最终因为没有人去救而被淹死了。可见，有的时候失信于人不仅会失去别人的帮助，甚至可能丢掉性命。

因此，做人应有诚信，做人贵在诚信。

修身正行，不可不慎

夫修身正行，不可以不慎；谋虑机权，不可以不密。忧患生于所忽，祸害兴于细微。人臣不慎密者，多有终身之悔。故言易泄者，召祸之媒也；事不慎者，取败之道也。

——（唐）武则天《臣轨》

【译文】

修身正行，不可以不谨慎；谋划机要，不可以不周密。忧患常常来自被忽视的细节，灾祸往往也产生在细小的事情中。身为臣子如果做事不能慎重周密，大多数会终身悔恨。所以容易泄密的言论，是招来灾祸的媒介；不谨慎仔细地做事，是失败的主要原因。

【解读】

杨修是三国时期曹魏的文学家，才思敏捷，聪颖过人，曾任曹操的主簿。他为人恃才放旷，数犯曹操之忌。

有一次，曹操建造花园，动工前工匠们请曹操审阅花园工程的设计图，曹操看了什么也没说，只在园门上写了一个“活”字。工匠们不解其意，于是去请教杨修。杨修说：“门内添活字，乃阔字也，丞相嫌你们把花园门造得太宽大了。”工匠们按杨修的提示修改了方案。曹操看完之后，非常高兴，问：“谁知道了我的意思？”左右回答：“杨主簿。”曹操虽表面上称好，心底却很忌讳杨修。

又有一次，塞北送来一盒酥，曹操在盒子上写了“一合酥”三个字放在案头。杨修见到了，竟然取勺子和大家将酥分吃了。曹操问其原因，杨修回答说：“盒上明明写着‘一人一口酥’，岂敢违丞相之命乎？”曹操虽然笑了，内心却十分厌恶杨修。

最终，曹操以“前后漏泄言教，交关诸侯”的罪名将杨修处死。杨修的死因固然复杂，但其中重要原因之一便是他行事不慎，多次泄露曹操的意图，犯了机密大忌。

无论是在职场还是生活中，我们都应该保持谨慎和机密，不要轻易泄露他人的意图和机密信息。只有保持低调、谨慎行事，才能避免不必要的麻烦和危险。

能改过者，皆不当罪

凡人孰能无过，若过而能改，即自新迁善之机，故人以改过为贵。其实能改过者，无论所犯事之大小，皆不当罪之也。

——（清）康熙《庭训格言》

【译文】

普通的人有谁能不犯错，但如果发生了过错后能及时改正，就有了改过自新从善的机会，所以人们觉得能改正错误是可贵的。其实能够主动改正错误，无论过错的大小，都不该处罚他。

【解读】

周处是晋朝时期的阳羡人，他为人凶暴强悍，任性使气，后来却为乡野除掉了“三害”。这“三害”分别是：南山上的猛虎，长桥下的蛟龙，以及周处本人。由于周处经常肆意胡为，乡野百姓把他和猛虎、蛟龙合称为“三害”。这三害常常危害乡野，使得当地百姓苦不堪言。

有一天，有人劝说周处去杀死猛虎和蛟龙，实际上是希望“三害”只剩下一种。周处听后，便上山杀虎，又下河斩蛟。经过几天几夜的激烈战斗，周处终于杀死了猛虎和蛟龙。然而，当他回到家乡时，发现乡亲们以为他也死了，正在庆祝“三害”被除。周处听到这些后，感到非常羞愧和懊悔。

他意识到自己过去给乡亲们带来了很多痛苦和困扰，于是决定改过自新，重新做人。他开始努力学习，修身养性，渐渐地成了一个有道德、有学问的人。他的改变得到了乡亲们的认可和尊重，最终他成为一位受人尊敬的官员，为当地百姓做出了很多贡献。

人人都有可能犯错，关键在于能否认识到错误并真心改过。只要能够勇于面对自己的过去，努力改正错误，就一定能够赢得他人的尊重和信任，实现自我价值的提升。社会对于改过自新者应当予以宽容和接纳，只有给予他们机会和信任，才能让他们更好地为社会做出贡献。

惟俭养性，惟侈荡心

惟俭养性，惟侈荡心。居上能俭，可以导俗；居上而侈，必至厉民。

——（明）朱元璋《明太祖宝训》

【译文】

只有勤俭节约才能养性，只有浪费奢侈才会迷惑心志。居上位者能够带头节俭，就可以垂范，能很好地引导社会。如果居上位者奢侈浪费，就一定会苛刻地对待百姓。

【解读】

汉文帝刘恒以节俭著称，为后世树立了榜样。古代皇帝们常常沉醉于建造宏伟壮观的露台，用以俯瞰壮丽景色，彰显自己的权威与尊贵。某日，刘恒心血来潮，打算也为自己修建一座气派的露台。他召来工匠询问所需费用，得到的答复却让他大吃一惊。工匠们直言不讳地告诉他，这座露台至少需要耗费一百斤金子。刘恒震惊之下，急忙追问这一费用相当于多少普通家庭的财产。

工匠们经过一番计算后回答，这一费用相当于十户普通人家的全部家当。刘恒听后，心中涌起一股强烈的感慨。他深知朝廷财政并不宽裕，而这笔巨大的开支如果用于修建露台，无疑是对民生的巨大浪费。

于是，刘恒果断地放弃了修建露台的计划。他选择将这笔宝贵的资金用于更紧迫、更需要的地方，以造福于百姓和国家。

刘恒在位期间，深知节俭对于国家财政和民生的重要性，因此自己身体力行，过着朴素的生活。他的宫殿、服饰和饮食都不求奢华，而是以实用为主。常常穿着粗布衣服，饮食也很简单，有时甚至亲自下地劳作，体验百姓的艰辛。

刘恒不仅自己节俭，还倡导全国上下都要节俭。他下令减少宫廷开支，裁减冗员，减轻百姓的赋税负担。同时，他还鼓励官员们廉洁奉公，禁止贪污腐败。在他的倡导下，整个西汉社会都形成了一种节俭的风气。

汉文帝的节俭行为不仅养成了自己的高尚品性，也为国家的发展奠定了坚实的基础。在他的治理下，国家逐渐恢复了元气，经济得到了发展，人民生活水平也有所提高。

相反，如果君主奢侈无度，不仅会荡涤自己的心灵，还会给国家和人民带来深重的灾难。历史上不乏因君主奢侈而导致国家衰败的例子。

这些君主为了满足自己的私欲，大兴土木，劳民伤财，最终导致了国家的灭亡。

节俭不仅是一种个人美德，更是一种社会责任。身居高位的人如果能够节俭自律，就可以为整个社会树立良好的榜样，引导社会风气向着积极、健康的方向发展。

节俭为宝，奢侈为祸

世之财物，天地所生，以养人者有限。人若节用，自可有余；奢用，则顷刻尽耳。何处得增益耶?

——（清）康熙《庭训格言》

【译文】

世上的财物，都生成于天地，用来供养人的财物是有限的。如果人能节省利用，自然会有剩余；如果过度利用，很快就会用光。怎么可能增加呢?

【解读】

在古代，有一位名叫晏婴的齐国宰相，他身居高位却十分节俭。据说，他的一件狐裘穿了三十年，已经补缀多次，仍然舍不得丢弃。他的车马也很破旧，甚至驾车的马匹也都是又老又瘦的。齐景公看到这种情况，感到很惊讶，便问他："你的俸禄不高吗？为什么生活如此节俭呢？"晏婴回答说："我的俸禄足够我过上舒适的生活，但我选择节俭，是因为我希望将更多的资源用于国家的建设，而不是浪费在个人享受上。"

与此相反，当时也有一些贵族过着奢侈浪费的生活。他们穿着华丽的衣服，驾着名贵的车马，整日宴饮游乐，毫不珍惜国家的资源。然而，这种奢侈的生活方式并没有给他们带来真正的幸福和满足，反而导致了国家的财政困难和社会的不稳定。

后来，齐景公在晏婴的劝说下，开始重视节俭治国的重要性，推行了一系列的节俭政策。这些政策不仅缓解了国家的财政压力，也促进了社会的和谐稳定。

只有珍惜有限的资源，避免奢侈浪费，我们才能确保社会的可持续发展和个人的幸福安康。同时，我们也应该像晏婴一样，以身作则，通过自己的行动来影响和带动身边的人，共同营造一个节俭、和谐的社会环境。

第三章 持之以恒：精诚所至，金石为开

人生的过程是一样的，跌倒了，爬起来。只是成功者跌倒的次数比爬起来的次数要少一次，平庸者跌倒的次数比爬起来的次数多了一次而已，最后一次爬起来的人就可以成功，最后一次爬不起来，不愿爬起来，丧失坚持的毅力的人就会失败。今天很残酷，明天很残酷，后天很美好，只要不放弃，就会有机会！黎明前最黑暗，胜利前最绝望，成功前最渺茫。坚持住，你就会迎来黎明和胜利。

发强刚毅，锲而不舍

发强刚毅，足以有执也。

——（春秋）子思《中庸》

【译文】

刚健勇毅，奋发强劲，就可以有足够的依仗。

【解读】

世人皆追逐成功，然而成功的人永远只是一小部分。为何大多数人没能取得成功？皆因缺乏耐心，缺乏坚持的力量，缺乏锲而不舍的精神。

在面对困难和挫折的时候，逃避是一种恐惧的表现。逃避并不能解决实际问题，相反，对困境的纵容会让情况越来越糟。因此，在身处逆境的时候，我们首先要做的就是要敢于面对，勇敢地坚持自己的主张，直到最后的成功。

成功的事业不是一蹴而就的，它需要付出艰难的劳动、克服重重的困难，并且经受住时间的考验。

汉末政治和社会大动荡时期，英雄人物乘势而出。其中最著名的就是三分天下的刘备、曹操和孙权。刘备从一个没落的贵族到坐拥巴蜀江山的一代帝王，这同他自幼立志高远有着很大的关系。

刘备与关羽、张飞三结义之后，败于吕布之手，投奔曹操，但还是想着东山再起。他借讨伐袁绍之际，带兵离开曹营，想联合江东袁绍抗曹。后再次失败，屈于袁绍门下，不久投奔刘表寄居荆州。在荆州期间，刘备并没有萎靡不振，他意识到想要得到天下，就必须招募人才，于是他三顾茅庐，请出诸葛亮出山辅政，并广招荆楚之士。一时间俊杰都来投奔，这些人为日后刘备三分天下立下了汗马功劳。随后刘备与东吴结盟，联手抗曹，于赤壁之战大败曹操，占据荆州建立蜀汉政权，自立为王。

这个例子告诉我们，要想成功，首先要有远大的志向。有了远大的志向就要有坚持下去的决心和毅力，人贵有志，志贵持恒。这个道理人人都知道，真做到的却不多。物质的勾引，利欲的诱惑，有几个人能抵挡得住？数载苦索，十年寒窗，只有那些持恒者迈着坚定不移的步伐，义无反顾地前行，最后才能沐浴到胜利的光辉。

南宋末年，元军南下，大量南宋国土沦丧，百姓处于水深火热之中。在江陵做县令的胡三省目睹了元军的烧杀抢掠，心中悲愤不已，毅然投入抗元的斗争中。宋军溃败后，胡三省愤然弃官，隐居乡里。由于早年间读过《资治通鉴》，胡三省想把这本书全部注解下来，传于后世。1276年，南宋都城被攻陷，形势十分紧张，强盗匪徒横行，杀害了胡三省的同伴，胡三省滚入山涧幸免于难。但是他的书简也被毁了，他独自来到新昌，在一个富豪人家教书，同时重新撰写书稿。从四十二岁弃官开始，经过三十个年头，直到胡三省临死前这本书才最终增删完稿。

坚持是做学问的人必备的品质，这是一件非常辛苦、枯燥的事情。一个人没有坚强的毅力，坐不得冷板凳，经不住世俗的热闹，是做不成学问的。

有决心，有毅力，最后还要勤奋。人们常说的“勤”是指勤奋上进，吃苦耐劳。一切事情的成功都在于勤，而失败于懒。只要我们比别人多出一份心力，我们的付出总会得到相应的回报。

宋濂年幼时家境十分贫苦，没有什么闲钱去买书看，但他未因家境贫寒而自弃，反而发愤读书。他写出来的字飘逸秀美，写的文章更是行云流水，被朱元璋赞誉为“开国文臣之首”。

宋濂每天都要读很多书，每当遇到了不懂的地方，都会彻底弄明白为止。有一次，宋濂遇到一个棘手的问题，搞得他食不下咽，寝不能安，于是他决定去拜访一位名师。那是一个下着大雪的冬天，雪舞风凄，万物肃清。宋濂冒雪行走了数十里，但是走到老师家才得知老师已经不再收学生了，宋濂便无终而归。过了一天，宋濂又来到老师家，但老师没有见他。由于天气寒冷，宋濂的脚趾头都已经被冻伤了，但宋濂没被困难击倒。又过了几日，宋濂再次拜访，在路上掉入了雪坑，幸好被人路过救起来。被救后，宋濂仍旧走向老师的家，当他走到老师家门前的时候，已经快要不省人事。终于，这位德高望重的老师被宋濂的诚心和坚持打动了，于是便收下宋濂，认真地帮他解答了疑惑。后来，宋濂为了能够学到更多知识，接连拜访了好多老师，最终成为一代名臣。

没有坚持，就不会有最后的成功；没有恒心，愿望就永远无法实现。胜利只会青睐那些坚韧不拔的人。许多人摔倒了就再也爬不起来，只有拥有顽强意志的人，才能在摔倒后爬起来继续前进，走向最终的成功。

行事果断，拒绝犹豫

于是度以往事，验之来事，参之平素，可则决之。王公大人之事也，危而美名者，可则决之；不用费力而易成者，可则决之；用力犯勤苦，然不得已而为之者，可则决之；去患者，可则决之；从福者，可则决之。

——（战国）鬼谷子《鬼谷子》

【译文】

推测以往的事，验证未来的事，再参考平素的情况，若能做出判断，可立即决断。王公大人们委托决断的大事，若能为其带来美名，并且有望成功，可立即决断；无须费力而易成的事，可立即决断；虽然费力但又必须做的事，可立即决断；能为人免除祸患的事，可立即决断；能为人带来福祉的事，可立即决断。

【解读】

判断一个人能否成大器，一个很重要的标准就是看他遇事能否当机立断。一个人只有具有敏锐的眼光，能够及时做出决断，才能在复杂多变的社会中应付自如，从而取得人生的成功。

司马光是北宋著名的史学家，他一生以清廉仁厚享有盛誉。小时候的司马光不仅聪明好学，而且做事非常果断。

有一次，他跟小伙伴们在后院里捉迷藏，就遇到了一件惊险万分的事。那次轮到司马光捉人了，他闭着眼睛趴在假山上，大声数着："十，九,八……二,一，我来了。"说完就睁开眼睛开始寻找藏起来的伙伴们。

司马光聪明极了，虽然小伙伴们都藏得很好，但还是被他一个个揪了出来。最后只剩下一个人没找到了，正当司马光想要放弃的时候，发现假山上露出一小撮头发，于是他大声说："我看到你了，在假山上，快出来吧。"

那个孩子知道自己暴露了，就准备从假山上下来。不料，一不小心掉进了假山下面的一口大水缸里。水缸里的水是满的，那孩子掉进去瞬间就被淹没了，小伙伴们都吓呆了，哭喊着四散跑开，去向外面的大人求救。

危急时刻，司马光并没有像其他小伙伴一样慌乱，他看到水缸旁边有几块大石头，顿时有了主意。他从地上捡起一块大石头，毫不犹豫地向水缸砸去，只听"咣当"一声，水缸碎了一地，缸里的水流了出来，被淹在水里的小孩也因此得救了。

大人们赶到的时候，看到司马光已经救下了遇险的孩子，纷纷夸奖他的机智和果断。这件偶然的事件使小司马光出了名，东京和洛阳有人把这件事画成图画，广泛流传。

俗话说："天有不测风云。"每个人的一生都可能遇到千钧一发的时刻，在这个时候，不能退缩，不能毫无主见，只有摒弃了优柔寡断的性格特质，才能真正成为做大事的人。

果断的做事风格，能让一个人在生活和工作中掌握主动权，不会被他人的意志左右，这样的人往往更容易把握机遇，总是能在前进的道路上先人一步。相反，如果太过优柔寡断，就会常常陷入两难的境地，对自己的成长进步产生不利的影响。

从前，有个父亲带着儿子要去集市上卖驴子。驴子走在前头，父子俩随行在后，村里的人看了都觉得很可笑："有驴不骑，真傻啊！"

父亲突然觉得很有道理，就让孩子骑在驴子上，自己则跟在旁边走着。

这时，对面走来父亲的两个朋友："喂！喂！让孩子骑驴，自己却徒步，算什么！现在就这么宠孩子，将来还得了！"

父亲听了，认为说得对，就让孩子下来，自己则骑上驴背。孩子跟在驴子后面，蹒跚地走着。

走着走着，碰见一个挤牛奶的女孩。女孩用责备的口吻说："哎哟！世间竟有这么残酷的父亲，自己轻轻松松地骑在驴背上，却让那么小的孩子走路，真可怜！"

于是，父亲叫孩子也骑到驴背上，朝着市场的方向前进。

走到教堂前，一位牧师看到他们这样骑着驴子，摇摇头说："太可怜了，这样会把驴子压坏的。"

父子俩立刻从驴背上跳下来，然后把驴子的腿绑起来，再用棍子扛着驴子。

这样扛着，当然非常重，所以父子俩涨红了脸，摇摇晃晃地喊着："怎么这么重呢！"

看见这情景的人都呆住了："真是奇怪的人啊！"

扛着驴子的父子走到一座桥上。"孩子，市场快到了，再忍耐一会儿吧！"父亲虽然这么说，可是自己和孩子都已经累得筋疲力尽了。

驴子毕竟是驴子，被倒吊着反而痛苦得不得了，不但口吐白沫，还粗暴地扭动起来。

"嘿！乖一点啊！"父亲严厉地斥骂着。

可是驴子不听，扭动得更厉害了。结果，棍子"啪"的一声折断了。绳子也弄断了，驴子倒栽葱似的掉进河里，很快被急流吞没，看不见踪影了。

"啊！怎么会这样呢？这都是犹豫不决的后果啊！"父子俩只好垂头丧气地走回家去了……

在人的一生中，有许多重要的事情都必须当机立断做出决定。在遇到某些危急情况时，你必须把自己所有的理解力和想象力激发出来，并马上思考更内在的东西，使自己坚信这是在当时的情况下所能做出的最明智的决定，然后立刻付诸行动。如果犹豫、观望而不敢决定，机会就会悄然流逝，最终只能追悔莫及。

胸怀正义，为理想奋斗

汉室倾颓，奸臣窃命，主上蒙尘。孤不度德量力，欲信大义于天下。

——（西晋）陈寿《三国志》

【译文】

汉朝衰落颓败，奸佞的小人盗用政令控制朝政，帝王蒙受风尘遭难出奔。我（刘备）不考量自己的能力，想要为百姓扩大天下的大义。

【解读】

刘备在汉室倾颓、奸臣当道的背景下，虽然深知自己力量有限，但仍怀着满腔热血，立志要伸张正义于天下。

东汉末年，朝政腐败，外戚与宦官交替专权，黄巾起义的爆发更是加剧了社会的动荡。在这样的历史大背景下，刘备目睹了国家的衰败和民生的凋敝，深感痛心。他深知自己虽然出身低微，力量有限，但他不愿坐视国家的沉沦，更不愿看到百姓在苦难中挣扎。因此，刘备立志要伸张正义，拯救天下苍生。他联合了关羽、张飞等志同道合之士，共同起兵反抗奸臣和外敌的侵略。在多年的征战中，刘备历经磨难，但始终不改初心，坚持着自己的正义理念。

最终，刘备成功建立了蜀汉政权，实现了自己的抱负。他在位期间，致力于国家的安定和人民的幸福，实行了一系列有益于国家和民生的政策。他重用人才，发展经济，加强国防，使得蜀汉成为当时的一个强大国家。

刘备的故事告诉我们，即使身处逆境，只要心怀正义、坚定信念、勇往直前，就一定能够创造出属于自己的辉煌。他的精神品质和人格魅力，不仅赢得了后世的赞誉和敬仰，也激励着一代又一代的人们为正义和理想而奋斗。

精诚所至，金石为开

人心一真，便霜可飞，城可陨，金石可贯；若伪妄之人，形骸徒具，真宰已亡，对人则面目可憎，独居则形影自愧。文章做到极处，无有他奇，只是恰好；人品做到极处，无有他异，只是本然。以幻迹言，无论功名富贵，即肢体亦属委形；以真境言，无论父母兄弟，即万物皆吾一体。人能看得破，认得真，才可以任天下之负担，亦可脱世间之缰锁。

——（明）洪应明《菜根谭》

【译文】

一个人的精神修养如果能达到至诚地步，就可感动上天，就如邹衍受了委屈竟五月飞霜，而杞植的妻子竟然哭倒了城墙，甚至金石也由于真诚的力量而把它完全雕凿贯穿。反之，一个人如果心术不正也会令人觉得讨厌；更由于坏事做得太多，每当一个人独处时就会良心发现，这时面对自己的影子，顿觉万分羞愧。写文章的最高境界，并没有什么特别的地方，只是把自己内心的感情表达得恰到好处而已；一个人的品德修养达到最高境界，其实和普通平凡人一样，只是使自己的精神回到纯真朴实的本然之性而已。从宏观上看人生，一个人只有能洞察物质界的虚伪变幻，同时又能认得清精神界的永恒价值，才可以担负起救世济民的重大使命，而且也只有这样才能摆脱人间一切困扰你的枷锁。

【解读】

从字面上来看，“精诚所至，金石为开”这八个字就是说：如果真诚努力到了极限，像金石这样最坚硬的东西都会被感动的。引申开来，便常用来比喻意志坚决，便能克服一切困难。

在生活中，你可能跌倒了无数次又爬起来，但时光没有让一切的付出就此结束。因为坚持从来都不会辜负你，只有你坚持了、付出了，就一定会有回报。

唐朝诗人李白，小时候不喜欢读书。一天，趁老师不在屋子里，他悄悄溜出门去玩。他来到山下小河边，见到一位老婆婆在石头上磨一根铁杵。李白很纳闷，上前问：“老婆婆，您磨铁杵做什么？”老婆婆说：“我在磨针。”李白吃惊地问：“哎呀！铁杵这么粗大，怎么能磨成针呢？”老婆婆笑呵呵地说："只要天天磨，铁杵就能越磨越细，还怕磨不成针吗？"

李白听后，想到自己，心中惭愧，转身跑回了书屋。从此，他牢记"只要功夫深，铁杵磨成针"的道理，发愤读书，终于成为一位伟大的诗人。

再看司马光，他是个贪玩贪睡的孩子，为此没少受先生的责罚和同伴的嘲笑，在先生的谆谆教诲下，他决心改掉贪睡的坏毛病。

为了早早起床，他睡觉前喝了满满一肚子水，结果早上没有被憋醒，却尿了床，于是他用圆木头做了一个颈枕，早上一翻身，头滑落在床板上，自然惊醒。从此他天天早早地起床读书，坚持不懈，终于成了一个学识渊博的人，写出了《资治通鉴》。

人生的过程是相似的，跌倒了，爬起来。只是成功者跌倒的次数比爬起来的次数要少一次，平庸者跌倒的次数比爬起来的次数多一次而已。

"海尔"精神有两句话：把别人视为做不到的事办成，把别人认为非常简单的事持之以恒地坚持下来。一定要坚持，越不能坚持越要坚持。也许我们已经悲观失望到了极点，也许我们伤心绝望已达极致，也许我们对自己的生活失去了信心……只要我们怀着乐观的心态，美好的梦想，积极地行动，勇敢地面对一切，我们的生活就会变得灿烂无比。

所以，在生活中，当我们遇到挫折或感叹命运不公时，坚持就是最明智的选择。一定要坚持下去，哪怕这坚持的道路是多么漫长、崎岖，我们要在心中点燃一盏灯，告诉自己：不要放弃。只要努力向前奔跑，总能看到暴风雨后的美丽彩虹。

逆境砺行，顺境靡骨

居逆境中，周身皆针砭药石，砥节砺行而不觉；处顺境内，满前尽兵刃戈矛，销膏靡骨而不知。生长富贵丛中的，嗜欲如猛火，权势似烈焰。若不带些清冷气味，其火焰不至焚人，必将自焚。

——（明）洪应明《菜根谭》

【译文】

生活在艰苦贫困的环境中，那身边所接触到的全是犹如医治自身不足的良药，在不知不觉中就磨炼了我们的意志和品德；反之，一个人如果生活在丰衣足食、无忧无虑的良好环境中，就等于在你的面前摆满了看不见的刀枪戈矛，在不知不觉中消磨了人的意志，让人走向堕落。生长在豪富权贵之家的人，他们的欲望像猛火一样强烈，他们的权势像烈焰一样灼人。假如不及时给他一点清凉冷淡的观念缓和一下他强烈的欲望，那猛烈的欲火即使不使他粉身碎骨，早晚有一天也必然会让他如引火自焚般毁灭。

【解读】

人在身陷逆境时，资源匮乏，精神压抑，成功欲望迫切，成才动机强烈，因此常常能够取得在顺境中难以取得的巨大成功。自古英雄多磨难，这是人们有目共睹的事实。

战国时期，李斯在《谏逐客书》中写道："古者富贵而名摩灭，不可胜记，唯倜傥非常之人称焉。盖西伯拘而演《周易》；仲尼厄而作《春秋》；屈原放逐，乃赋《离骚》；左丘失明，厥有《国语》；孙子膑脚，《兵法》修列；不韦迁蜀，世传《吕览》；韩非囚秦，《说难》《孤愤》；《诗》三百篇，大抵贤圣发愤之所为作也。此人皆意有所郁结，不得通其道，故述往事，思来者。及如左丘无目，孙子断足，终不可用，退论书策以舒其愤，思垂空文以自见。"

这些事实告诉人们，磨难不是什么坏事，凡成大器者都经受过大的磨难。每一次战胜阴霾都会拨开乌云见青天，找到太阳光芒的方向，找到人生的美好希望。不经历风雨怎会见彩虹，不经历世态炎凉怎会驱散困扰的迷茫。

曾国藩是中国历史上最有影响力的人物之一，然而他小时候的天赋并不高。有一天晚上，他在家读书，一篇文章不知道朗读了多少遍还没有背下来。这时候他家来了一个贼，潜伏在他的屋檐下，希望等曾国藩睡觉之后捞点好处。可是等啊等，就是不见他睡觉，还在翻来覆去地读那篇文章。贼人大怒，跳出来说："这种水平读什么书？"然后将那文章背诵一遍，扬长而去。

被贼人调侃，这对曾国藩来说是一个不小的打击，但他没有气馁，而是继续努力，最终成了晚清"中兴第一名臣"。

徐特立先生说过："不仅要当胜利时的英雄，也要当困难时候的英雄。真正的英雄是在困难中考验出来的。"的确，生活有时会违反常规，以另一种形式出现在我们面前。在很多时候，成功会变成一道减法题，一点点地减去我们的志气、奋斗和体魄。失败却成为一道加法题，不断地加进我们的梦想、努力和汗水，最后累积起来，走向成功。

人生路漫漫，未来一切未知瞬息万变，不可避免要遇到艰难和风险，只要心存坚定的信念勇敢向前，就一定会迎来生命的春天。

树立高远志向，才能走得更远

捭阖之道，以阴阳试之。故与阳言者，依崇高；与阴言者，依卑小。以下求小，以高求大。由此言之，无所不出，无所不入，无所不可。可以说人，可以说家，可以说国，可以说天下。为小无内，为大无外。

——（战国）鬼谷子《鬼谷子》

【译文】

运用开启和闭藏的法则，需要从阴阳两方面来检验。因此，对积极进取者，应谈论崇高奋进之事来加以引导；而对消极保守者，应谈论卑微求全之事来加以引导。卑微求全的事，易得到胸无大志的人采纳；而崇高奋进的事，则更易得到志存高远的人采纳。若能从人物心理出发去游说，就没有什么事情不能了解，没有什么事情不能探索，没有什么事情不能实现。这种游说方法，可以游说人，可以游说家，可以游说国，可以游说天下。做小事时可进入无限微妙的境界，做大事时可进入无限广大的境界。

【解读】

如果哥伦布当时没有绕地球一周的梦想，可能再过一个世纪美洲也不会被发现；如果凡·布劳恩没有将目光盯上遥远的月球，他就不会使人类完成登月的梦想。心有多大，你的世界就有多大，一个人能取得多大的成就，在很大程度上取决于他的志向。如果不能打碎心中的壁垒，即使给你一片大海，你也找不到自由的感觉。

对现代人而言，更应该提倡的是树立远大志向，为社会做出尽可能大的贡献。不同的人生追求、不同的价值取向，带来的很可能是完全不同的结果。

战国时期，秦国倚仗强大的军事力量横扫六国，一统天下。当秦国派出大军攻打楚国时，遭遇了项燕部队的殊死抵抗。最终，项燕战败，拔剑自刎。临死前，他向对面的秦国军队高声大喊道："楚虽三户，亡秦必楚！"当秦始皇嬴政登上皇帝宝座之后，项燕的孙子项羽却念念不忘祖父留下的那句话。

项羽小小年纪就很有男儿气概，他的叔父项梁觉得这个孩子是个可造之材，就悉心培养他。项梁为他请来名师教他读书，但是项羽学过一阵之后就厌倦了，天天跑出去跟人舞刀弄剑。项梁又给他请来剑术老师，但不久他又觉得舞刀弄剑也没意思了。项梁看侄子学无所成，就把他找来训斥一番。可是项羽一点儿也不服气，他说："读书只不过能记个名姓罢了，剑术学得再好也只能对抗一个人，我不愿学习这些，要学就学能够抵挡万人的本领。"项梁听了，觉得这个孩子很有气魄，就教他学习神鬼莫测的兵法。

秦始皇统一全国后，建立了统一强大的秦朝，他为了宣扬威德，进一步巩固统治，经常到全国各地巡游。一次，秦始皇南巡会稽（今浙江绍兴），当他的车马仪仗浩浩荡荡、威风凛凛地经过南江（今江苏苏州）时，人们都在大路两旁驻足观看，少年项羽和他的叔父项梁也在其中。就在这时，项羽忽然指着秦始皇对他的叔父说："我将来可以取代他！"项梁听了，吓得变了脸色，急忙捂住项羽的嘴，责备他："这话可不能乱说，你难道不怕咱们全族上上下下都被杀头吗？"可是在心里，项梁也赞赏他这小侄子的霸气迫人。自那以后，项梁就更加用心栽培项羽了。

后来，陈胜、吴广在大泽乡揭竿而起，项梁和项羽也在会稽杀死当地太守，举旗响应。他们带领义军转战南北，把秦军打得大败，最后刘邦领导的农民起义军直捣秦朝都城咸阳，秦王子婴出城投降，中国历史上的第一个封建王朝就这样灭亡了。之后，项羽自立为西楚霸王，封刘邦为汉王，真的取代了秦始皇的地位。

心有多大，你的世界就有多大。红顶商人胡雪岩曾说："做事一定要看大局，你的眼光看得到一省，就能做下一省的生意；看得到一国，就能做下一国的生意；看得到国外，就能做下国外的生意；看得到天下，就能做天下的生意。"秦王朝虽然强大，却吓不倒真正的正义之师，正是因为有项羽这样志存高远的盖世英雄，才能推翻黑暗的秦朝统治。

第四章

识人用人：得人则安，失人则危

在用人之际要保持谨慎和明智的态度，不可轻易信任下属的言辞和承诺。同时，作为下属也要保持诚实守信的品质，不要为了谋取私利而迎合和诱导领导者做出错误的决策。只有建立在信任和尊重基础上的上下级关系，才能长久稳定地推动事业的发展。

交友带侠气，做人存素心

交友须带三分侠气，作人要存一点素心。宠利毋居人前，德业毋落人后，受享毋逾分外，修为毋减分中。处世让一步为高，退步即进步的张本；待人宽一分是福，利人实利己的根基。

——（明）洪应明《菜根谭》

【译文】

交朋友就要抱着拔刀相助的侠义精神，为人处世要保留一颗朴素善良的赤子之心。面对个人的名利，不要抢在别人前面，而积德修身的事情则不能落在人后。享受应得的利益不要超过自己的本分，修身养性时则不要放弃自己应该遵守的标准。为人处世懂得谦让容忍才是高明的做法，因为退往往是更好的进；待人接物宽容大度才是福，因为方便别人就是为方便自己奠定了基础。

【解读】

天底下的人都不傻，如果你让他获利了，他会记你的情；如果你损害了他的利益，他也会记在心里，关键时刻给你使绊子。那些天天想着算计他人利益的人，路总是越走越窄。所以，不要计较眼前的利益，留一分利给他人，自己才会得到更多。

马云曾经表示，做任何生意，必须想到三个“Win”：第一个“Win”是客户首先要赢；第二个“Win”是合作伙伴一定要赢；第三个“Win”

是你要赢。三个赢，少中间任何一个，生意就没法做下去。可见，让利他人，不仅仅是做生意的手腕，更是一种境界。若想把生意做大做得长久，就要学会利他。

很多人只顾眼前利益，与人交往的时候想着别人给了自己什么，而很少想到自己能为别人提供什么，这种想法是错误的。因为交往是互惠的，所以我们在人际交往中必须注意，让别人觉得与我们的交往值得。只有积极“投资”，才能换来丰厚的回报。

晚清的胡雪岩是家喻户晓的人物，他肯给予别人帮助的精神令人尊敬。有一次，一名商人在生意中惨败，需要大笔资金周转，他主动上门，开出低价想让胡雪岩收购自己的产业。经调查属实后，胡雪岩立刻急调了大量现银，给出正常的市场价来收购对方的产业。

那个商人惊喜又疑惑，实在搞不明白胡雪岩为何有便宜不占，坚持按市场价来购买。

胡雪岩笑着说：“我只是代为保管你的这些抵押资产，等你挺过这个难关后，随时都可以来赎回属于你的东西。”商人万分感激，签完协议，对胡雪岩表示自己的敬意后便含泪离开了。

商人走后，胡雪岩的手下们也纷纷表示不解。胡雪岩喝了口茶，讲了一段自己的遭遇：“在我年轻的时候，我只是店里的小伙计，经常帮着东家四处催债。一次，正赶往另一户债主家中时遇上了大雨，路边的一位陌生人也被雨淋湿。正好那天我随身带了伞，便帮人家打伞。后来，每到下雨时，我便常常帮一些陌生人打伞。时间一长，那条路上认识我的人也就多了。有时，我自己忘了带伞也不怕，因为会有很多我帮过的人也来为我打伞。只要你肯为别人付出，别人才愿意为你付出。刚才那位商人的产业可能是几辈人慢慢积攒下来的，我要是占了他的便宜，人家可能一辈子都翻不了身了。这不是投资，而是救人，到头来交了朋友，还对得起自己的良心。谁都有困难的时候，能帮点就帮点吧。”

众人听后，都对胡雪岩非常佩服。后来，商人前来赎回了自己的产业，胡雪岩因此也多了一位生意场上忠实的合作伙伴。

当别人落难时，我们不要袖手旁观、无动于衷。要知道，一个人只顾眼前的利益，只顾自身的利益，不懂得双赢和共同发展，那么他得到的终将是短暂的欢愉。做人不能自私自利，只为自己活着。如果对外是铁公鸡一毛不拔，对自己也同样苛刻，这样很难有真正的朋友。我们要抱着感恩之心做人，秉持利他之心做事。

严出入，谨交游

养弟子如养闺女，最要严出入、谨交游。若一接近匪人，是清净田中下一不净的种子，便终身难植嘉禾矣！

——（明）洪应明《菜根谭》

【译文】

教育学生就好像养女儿一样，最重要的是严格管理她的生活起居，与人交往要谨慎。一旦结交了品行不端的人，就好像在肥沃的土地中种下了一颗坏种子，这样永远也长不出好的庄稼了。

【解读】

孔子说过：“无友不如己者。”在人格的形成过程中，朋友的影响是深刻的。所谓“近朱者赤，近墨者黑”，与什么样的朋友来往久了，不免会受其影响。与有品德的人相交，自己也会品德高尚，与小人交往，自己的名声也会毁掉。

欧阳修是北宋著名的文学家、政治家。他在颍州当长官的时候，手下有一个名叫吕公著的年轻人。有一次，欧阳修的好友范仲淹路过这里，便到他家中拜访，欧阳修邀请吕公著一同待客。席间，范仲淹对吕公著说：“你能在欧阳修身边做事真是太好了，你应该多向他请教作文写诗的技巧。”此后，在欧阳修的言传身教下，吕公著的写作技巧提高得很快。

这个事例很好地说明了“近朱者赤”的道理。可见，要想对自己的品德修养、事业前途有帮助，就要慎交益友，切勿结交损友。

和什么样的人在一起，就会有什么样的人生。和勤奋的人在一起，就不会懒惰；和积极的人在一起，就不会消沉；与智者同行，就会不同凡响；与高人为伍，就能登上人生巅峰。要知道，你的出身如何并不重要，重要的是你和谁在一起。

胡雪岩十二三岁的时候，为了养家糊口，在亲戚的介绍下进入一家钱庄做学徒。在钱庄里，他每天擦桌、扫地、倒夜壶，谁也想不到，这样的小孩日后竟然能发达起来。

有一天，胡雪岩认识了一个穷书生叫王有龄。当时，王有龄已经捐了浙江盐运使，但无钱进京。通过交往，胡雪岩发现王有龄这人是个做官的料，日后定能飞黄腾达。于是，他决定赌一把——他把收账得来的五百两银子借给了王有龄。

有了银子，王有龄即刻启程，途经天津时，遇到故交侍郎何桂清。在何桂清的举荐下，王有龄到了浙江巡抚门下，当上了粮台总办。王有龄这边发达了，胡雪岩那边却因为私用账款被炒了鱿鱼。

王有龄发迹不忘旧恩，立即拿出钱来，资助丢了工作的胡雪岩，于是胡雪岩开了一家名为阜康的钱庄。之后，随着王有龄的步步高升，胡雪岩的生意也越做越大，除钱庄外，还开起了许多店铺。

俗话说，朝中有人好办事。胡雪岩小小年纪，就能把眼光放远，为自己的未来打下人脉基础，不得不令人赞叹、佩服。

古时孟母三迁，正是由于深谙“近朱者赤，近墨者黑”的道理。如今，我们应该学会明辨是非，尽量做到“交益友而不交损友”。通过与益友的交往，不断提高修养，增长才干，做一个德才兼备的人。

用人不刻，交友不滥

用人不宜刻，刻则思效者去；交友不宜滥，滥则贡谀者来。风斜雨急处，要立得脚定；花浓柳艳处，要著得眼高；路危径险处，要回得头早。节义之人济以和衷，才不启忿争之路；功名之士承以谦德，方不开嫉妒之门。士大夫居官，不可竿牍无节，要使人难见，以杜幸端；居乡不可崖岸太高，要使人易见，以敦旧好。大人不可不畏，畏大人则无放逸之心；小民亦不可不畏，畏小民则无豪横之名。

——（明）洪应明《菜根谭》

【译文】

用人要宽厚不能太刻薄，如果太刻薄，那些想为你效力的人会离去。交朋友不能没原则，如果胡乱交友，那么善于逢迎献媚的人就会来到你的身边。在风暴雨的恶劣环境中，要站稳自己的脚跟，才不会跌倒；在花莺柳燕的温柔乡，要放眼高处，才不会被眼前的美色冲昏头脑；在遇到危险的时候，要猛然回头，才不会深陷其中。有品行的人要用谦和与诚恳来调和，才不会留下引起激烈纷争的隐患；功成名就的人要保持谦恭和蔼的美德，这样才不会招人嫉妒。读书人在做官的时候，与别人的书信往来不可漫无节制，对有所求的人要尽量少见，以避免那些投机取巧的人有机可乘；退职赋闲的时候，不能过于清高，要态度平和使人容易接近，才能和亲族邻里增进感情。对于德高望重的人不能不敬畏，因为敬畏他们就不会有放纵轻浮的想法；对于平民百姓也不能没有敬畏之心，因为敬畏平民百姓就不会有豪强蛮横的恶名。

【解读】

生活中没有了分寸，就好比鱼儿失去了水，它将使我们的人生出现许多磕磕碰碰。科学界有一个关于分寸的定论叫“黄金分割”，就是最具有美学价值的比例，也是我们人类的视觉感到最舒服的造型。其实在生活当中，黄金率几乎无处不在：旗帜的长宽，人体上下部的长短，窗子的大小，一天当中气温冷暖的比差，甚至阳光的强弱……都有一个科学的定律在发挥作用，这也就是人生的分寸。

佛祖的塑像出现于东汉后，但究竟要塑成什么样子，直到魏晋南北朝时还没有确定。据说，南朝刘宋宗室子弟曾经铸造了一座铜佛像，准备安置在寺内供人瞻仰祭拜。当这个一丈六尺高的佛像铸成之后，前来瞻仰的人都觉得佛像怪怪的，不够庄严。大家七嘴八舌，都认为应该对佛像进行修整。

这项工程执行起来不是那么容易的，有人提议请知名的隐士戴颙出出主意。戴颙看了之后对众人说：“不是脸太瘦，而是肩膀太肥。”于是，工匠们就照着戴颙的指点，将佛像的肩膀进行消减。经过一番削削打打之后，佛像的比例最终协调起来，脸庞也不再显得瘦削，大家都觉得相当满意。

这种比例和度，就是我们经常说的分寸。比例适合、分寸适度，美感、格调自然就会显现出来。

儒家中庸之道的精髓，即“不偏不倚”“过犹不及”的思想，说到底也是分寸的问题。为人处世、待人接物，无不渗透着分寸和火候的掌握。说话的生疏深浅、办事的轻重缓急、人际关系的亲疏远近、处世的姿态高低，都体现在分寸的把握上。做人做到恰如其分，是人生的最高境界。做事做到恰到好处，是人生的最大学问。把握好了做事的分寸，就等于掌握了自己的命运。

俗话说得好，“佛争一炷香，人争一口气”。这个社会竞争日益激烈，每个人都想着如何能够出人头地，技压一筹，成为人上人，所以不免要高调行事、高调做人。可是，越高调反而越容易成为他人攻击的对象，越强势越容易被人排挤。

一个人如果拥有过人的能力，拥有高于常人的智慧、地位、财富和名声，这些都是很好的竞争优势，但是如果不能善用这些优势，那么优势最终很可能成为劣势。所以做人应该掌握分寸，要懂得隐藏自己的锋芒。只有这样才会让其他人放下防备之心，才能够为自己赢得更多的生存空间。

善用人之长,天下无不可用之人

故同明者相见，同听者相闻；同志者相从，非贤者莫能用贤。故辅佐左右所欲任使者，存亡之机，得失之要。

——(唐)赵蕤《反经》

【译文】

视力一样的人会看见一样的事物，听力一样的人会听到一样的声音；志向一致的人会互相亲近，没有善良德行的人，便不会重用有善良德行的人。所以，任用怎样的人来帮助自己，是国家存亡的重点所在，是得与失的基础。

【解读】

对于管理者来说，知人善用是最合乎“道”的做法，只有这样才能得到其他人的拥护和支持，在壮大自己的同时满足别人的发展需要，也能成全双方的利益。

春秋战国时期，齐国的孟尝君、魏国的信陵君、赵国的平原君和楚国的春申君被称为“四君子”。其中孟尝君的名气最大，单是投靠在他门下的食客就有三千多人。

孟尝君在秦昭襄王的邀请下成了秦国的丞相，处理一些重大的事情。孟尝君十分会做人，他刚到秦国就向秦王献上了狐白裘作为见面礼。秦王知道狐白裘的稀有，于是对孟尝君特别重视。一些大臣因此感到不安，为了保住自己在秦王心中的位置，他们就撒谎诬陷孟尝君。

秦王原本十分相信孟尝君的为人，但是关于孟尝君的坏话听多了，也就渐渐地对孟尝君产生了怀疑。孟尝君知道秦王不再相信他后，立马托泾阳君向秦王的宠妃燕姬求情，并将一对白玉璧献给燕姬。

孟尝君没有想到的是，这对白玉璧根本打动不了燕姬，因为燕姬知道孟尝君曾献给秦王一件狐白裘，如今这白玉璧与狐白裘相比，可是差远了。正当孟尝君一筹莫展的时候，一个擅长偷盗的门客站了出来，表示自己有办法把狐白裘从王宫里偷出来。

当天晚上，门客装扮成狗的样子蒙骗了看守狐白裘的人，顺利盗出狐白裘，献给燕姬。燕姬得到狐白裘后，信守承诺，劝说秦王将孟尝君释放。

孟尝君脱离监禁之后，立即带领门客踏上逃亡之路。途经函谷关时，已经是深夜了，函谷关早已关闭。这时，孟尝君手下的一位擅长口技的门客跑到函谷关周围的山头上，学起了鸡鸣声，栩栩如生的声音引得周围的雄鸡都叫了起来。

函谷关的守兵听到鸡叫就打开了关门，孟尝君一行顺利出关。秦王知道这件事情后，立即下令围堵孟尝君一行，但为时已晚。孟尝君早就已经带领他的三千多门客开始了新的征程。后人在函谷关前筑起“鸡鸣台”，据说登上此台的人，可隐约听见一片此起彼伏的鸡叫声。

“善用人之长，天下无不可用之人。”作为一个领导者，必须拥有“伯乐精神”，及早发现下属的特长，并将他们安排到合适的位置，适时给予重用，这才是利人利己的处事方式。

识别人才，人尽其才

用人不正者殆，疆用人者不畜，为人择官者乱。

——（秦）黄石公《素书》

【译文】

用人时没有坚持正道的人便危险了，牵强用人必定没办法长久，根据自己的喜好用人不是合格的领导。

【解读】

为政者的用人之道在于知人善任、用人之长。所谓知人善任就是了解和掌握下属的特点，并将其合理地安排到相应岗位上工作，达到人尽其才的目的；所谓用人之长就是在工作中要尽量发挥员工的工作特长，为了能够实现用人之长必须对员工的特点进行了解和掌握，所以从某种意义上讲，知人善任和用人之长是一致的。

古人用“明珠暗投”这个成语比喻人才的流失，“明珠暗投”的意思是把闪闪发光的珍珠投到黑暗的地方，众人却视而不见。比喻贵重物品落到不识货的人手里，现在常用来指有才能的人误投了昏君，没有得到应有的重视。

春秋时期，楚国人卞和为国献宝玉，楚厉王与楚武王有眼无珠，卞和一献失左足，再献失右足。幸好贤明的楚文王即位后，主动召卞和进宫，并慧眼识玉，这块宝玉才没有被埋没。楚文王为表彰卞和几次冒死献宝，就将这块宝玉命名为“和氏璧”。

很多时候，真正有才能潜质的人往往就像那块“和氏璧”一样，一眼看上去平淡无奇，只有通过有识之士的发现、举荐和精心培养，才能展现出其真正的才华和价值。

秦朝末年，群雄逐鹿中原，最终刘邦独占鳌头，建立了大汉王朝。当时刘邦所依仗的三个重要人才分别是张良、萧何、韩信，人称“汉初三杰”。

刘邦称帝后，曾在庆功宴上说：“论运筹帷幄之中，决胜于千里之外，我不如张良；论镇国抚民、供给粮饷，我不如萧何；论领兵百万，决战沙场，百战百胜，我不如韩信。这三个人都是人中豪杰，我能做到知人善用，发挥他们的才干，所以能得天下。”

刘邦曾问韩信：“像我这样的人，能带多少兵？”韩信说：“陛下不过能带十万。”刘邦又问：“你呢？”韩信答：“臣多多而益善。”刘邦笑着说：“既然多多益善，为什么被我擒住？”韩信说：“陛下不能将兵，而善将将，这就是我被陛下擒住的原因。”

刘邦临死前，吕后问他：“萧相国之后，谁可以接替他？”刘邦回答说：“曹参。”吕后问：“曹参之后呢？”刘邦回答：“王陵，并由陈平辅助他。陈平足智多谋，然而不能独当一面，周勃朴实，少文化，但是，今后安定刘家天下的，非他不可，可以任他为太尉。”吕后再问后事，刘邦摇摇头说：“后事恐怕不是你所能知道的了。”正是这份政治遗嘱稳定了初汉的政权。

曹参继任丞相后，极力主张清静无为不扰民，遵照萧何制定好的法规治理国家，使西汉政治稳定、经济发展、人民生活日渐提高。史称“萧规曹随”。

曹参死后，王陵为右丞相，陈平为左丞相。吕后欲立吕氏族人为王，问王陵。王陵说：“不可。”又问陈平，陈平说：“可。”罢朝之后，王陵责备陈平：“阿谀吕后之意，违背高帝之约。”陈平说：“于面折廷争，臣不如君；全社稷、定刘氏，君亦不如臣。”王陵无言以对。吕后死后，吕氏诸人把持朝中大权，谋夺刘氏天下。太尉周勃和丞相陈平联合，夺取兵权，诛杀诸吕，匡扶汉室。

由此看来，刘邦能够得到天下并非侥幸，他不但知人善任，使各种类型的人才都得到充分的利用，为他打下大汉江山；而且在临死之时也能一一料定身后之事，预先调用合适的人才，以应付将要发生的情况，使汉初政权得到巩固，这种识人用人的本领堪称一绝。

远离小人，拒绝谗言

貌合心离者孤，亲谗远忠者亡。

——（秦）黄石公《素书》

【译文】

外在与他人关系亲密，背地里却并非如此，这种人一定会被孤立。君主与好谗害人的佞臣关系亲密，却疏远对他忠诚的臣子，必定会使国家走向衰亡。

【解读】

一般情况下，小人和谗言总是分不开的。谗言由小人口中产生，自小人口中传播，任谗言摆布也就是被小人玩弄，这样的人多半没有好下场，无论在什么时代，小人都是制造混乱的罪魁祸首。

春秋时期，吴越争霸，越国被吴国打败，越王勾践带领残兵逃到会稽山上，被吴军团团围住。勾践派人向吴王夫差请降，夫差不答应，勾践几乎绝望了。

在这种危亡时刻，勾践的谋臣文种、范蠡为他出主意说："吴国大臣伯嚭是一个十分贪财的人，他现在正受夫差宠信，如果用重礼向他行贿，他一定会为我们说好话的。"于是勾践让文种带上大量金银财宝，又选了八位美女，前去求见伯嚭。

伯嚭偷偷地接见了文种，他一见重金和美人，心中就高兴起来。文种对伯嚭说："我奉我家大王之命来见你，是不想让好事给别人占去啊。现在财宝和美人都在这儿，只要你肯替我家大王美言几句，让吴王退兵，这些就都是你的了。"

伯嚭说："越国灭亡了，越国的东西都会归吴国所有，这点东西又算得了什么呢？你是骗不了我的。"

文种早有准备，他马上说："如果是这样，越国的一切也是都归吴王所有，你是得不到半点好处的。何况只要越国不亡，我们定会时时记得你的恩德，进献永远不会停止。这是天大的好事，聪明人是不会拒绝的。"

伯嚭觉得文种说得在理，于是收下美人和财宝，从此百般在吴王夫差面前说勾践的好话。吴王夫差听信了谗言，越国终于留存下来。勾践在吴国做人质，期间卧薪尝胆，磨砺自己。文种给伯嚭送礼无数，从未间断。伯嚭不停地为勾践进言，最终夫差竟然答应让他回到了越国。

后来，勾践抓住机会，一举灭掉了吴国，伯嚭自以为有功，欢天喜地拜见勾践。勾践对他说："你贪财好色，出卖自己的国家，还有脸见我吗？"于是将他斩杀了。

吴王夫差因为听信谗言而被勾践成功复仇，血的教训提醒了人们，亲近小人是多么可怕的行为。勾践正是明白这一点，才没有留下贪财好色的伯嚭，从而成就了一方霸业。

孔子说过："利口覆邦家。"可见谗言的可怕，想成就大事就必须远离一切谗言，只有不断修身养性，增加阅历，才能看破谗言，明辨是非。

魏太子要到赵国首都邯郸去做人质，魏惠王派大夫庞葱陪同太子一块去。临行前，庞葱对魏惠王说："今一人言市有虎，王信之乎？"魏王说："否。"

"二人言市有虎，王信之乎？"

魏王迟疑一下说："寡人疑之矣。"

"三人言市有虎，王信之乎？"

魏王说："寡人信之矣。"

庞葱说："夫市之无虎明矣，然而三人言而成虎。"庞葱话锋一转，说了他讲这个故事的真正用意："今邯郸去大梁也远于市，而议臣者过于三人矣。愿大王察之矣。"意思就是说，我现在要去的地方离魏王您在的地方比较远了，您看不见我的行为，听不见我说话。所看见和听见的都是别人对我的评价，希望大王如果听见什么不好的评价，一定要查证事实以后再做判断啊。

魏惠王宽慰庞葱说："寡人自为知。"

后来果然有不少人在魏惠王面前说庞葱的坏话，魏惠王听得多了，受了影响。庞葱从邯郸回来后，魏惠王对他起了疑心，早把庞葱临行前说的话忘在了脑后，拒绝接见他，并罢免了他的官职，庞葱得到这样的结果只好摇头叹息。

魏惠王失去庞葱，就等于失去了一员大将。别人看见魏惠王对待庞葱的态度，也觉得心灰意冷。大臣们纷纷不说实话，不做实事，魏惠王自然变成了一个失道寡助的人。

三人言市有虎，就能使一个人相信本来不可能发生的事，谗言的威力可见一斑。在现代社会，我们也要保持清醒，尤其作为领导者，更要具备区分谗言和谏言的能力。

"众口铄金，积毁销骨"强调的就是流言蜚语的可怕之处。有时候，"是"可以被说成"非"，"白"可以被说成"黑"。一代名将岳飞不就是因为"莫须有"的罪名，惨死在奸臣秦桧手里的吗？历史上还有很多忠臣遭到奸臣的谗言，过早地结束了自己的政治生命。套用一句俗语，"害人之言不可有，防人之心不可无"，这是我们应该切记的。

不知其子视其友

不知其子视其友，不知其君视其左右。

——（战国）荀子《荀子》

【译文】

要是不了解一个人，观察与他交往的朋友，就清楚了。要是不了解君主，看看围绕在他身边的人，就了解了。

【解读】

人们常说 :“在家靠父母，出门靠朋友。”朋友，是我们在为人处世的时候，最不可缺少的一环，如果我们没有朋友，就很难在这个复杂的社会中立足。

孔子说 :“益者三友，损者三友。友直，友谅，友多闻，益矣。友便辟，友善柔，友便佞，损矣。”好朋友有三种，即直率坦率的、宽容原谅的，以及博学多才的，这三种好朋友是可以交往的 ；与之对应的，还有三种坏朋友，即脾气暴躁的、优柔寡断的，以及谄媚奸佞的，其中谄媚奸佞的人最坏，这三种人断然不可交。

《水浒传》中陆谦与林冲是至交。只不过，在高俅当权之后，陆谦为了荣华富贵，成为高俅的走狗。因高俅素与林冲不和，陆谦便自告奋勇，做了高俅陷害林冲的一把刀。

陆谦知道林冲的夫人生得美貌，为了讨高俅之子高衙内的欢心，他背弃了多年的友情，把林冲约到酒楼喝酒，同时，他又将林冲的夫人骗到自己的家中，此时的高衙内正在陆谦的家中，等候着林冲夫人到来。

可此事被林冲得知了。林冲大怒，大骂陆谦是个畜生，并疾步赶往陆谦的家中。高衙内得知林冲到来，翻墙便逃。林冲寻不得高衙内，便将陆谦的家砸了个粉碎，而后揣着一把尖刀，到酒楼去找陆谦。而陆谦早已躲进了太尉府，一连三天都没敢回家。

酒楼一事败露之后，陆谦便潜心思索另一计谋，终于计上心来：他向高太尉提到，希望太尉能差人卖一把刀给林冲，再命人到林冲家里去找他，让他带着刀来太尉府上。林冲并不知道这是一个阴谋，他带着刀来到了白虎堂。

白虎堂中，太尉大喝一声，左右便一同将林冲拿下，并押往开封府，准备给他安一个“手执利刃，擅闯节堂，杀害命官”的罪名。但开封府尹看了林冲的供词，认定林冲无罪，只以“不合腰悬利刃，误入节堂”的罪名，打了他二十脊杖，并刺配沧州。

陆谦不甘失败，为杀死林冲，他买通两个监押——董超和薛霸，让他们在路上杀死林冲。但随着鲁智深大闹野猪林，两人直到最后也无从下手。到了沧州牢城营，陆谦又买通差拨和管营，准备陷害林冲。

在沧州，林冲从李小二那里得知，陆谦也来到了沧州，大骂道：“那泼贼也敢来这里害我！别让我碰见他，否则定叫他死无葬身之地！”林冲怀揣尖刀，在沧州寻了数日，都没有找到。又被陆谦逃过了一劫。

然而，幸运之神并不是经常光顾于陆谦身上的。陆谦数次死里逃生之后，最终事发于山神庙，被林冲手刃。

陆谦表面上与林冲称兄道弟，暗地里却不断地向林冲的仇敌高俅等人献计，欲助其除掉林冲。他屡次献计，却屡次被林冲逃脱。林冲能将这样的人视为朋友，实在是交友不慎！不过，也正因为发生了这一切，使得林冲上了梁山，改变了林冲的一生。

察不明则奸佞生

察不明则奸佞生，奸佞生则贤人去，贤人去则国不举，国不举，必殆，殆则危矣。

——（明）张居正《权谋残卷》

【译文】

审察不仔细，身边就会出现奸佞；有奸佞出现，贤能的人就会选择离开；贤能的人离开了，国家就不会兴盛；国家不兴盛，就一定会衰败；国家一旦衰败，就十分危险了。

【解读】

对于领导者来说，最令人头疼的是身边有一个善于搬弄是非的小人存在。你很难发现他们的真面目，一不小心就会被他们蒙蔽。如果把一个组织机构比作人的身体，小人就是其中的癌细胞，总是在无声无息中扩散，逐渐成为难以遏制的毒瘤。

小人的心肠一般都够狠，常常做出迫害他人的行为。东汉初年，刘邦宠幸戚夫人，遭到了吕后的嫉恨。刘邦死后，吕后将戚夫人囚于永巷，让她每天干舂米这样的粗活。戚夫人想想自己曾经是先帝宠姬，如今被贬为舂工，感到十分委屈，但又无人倾诉。于是，她通过歌唱的形式表明了自己的惨状，希望有人能告诉她儿子刘如意及大臣，让自己脱离苦海。但吕后听到戚夫人的唱词后勃然大怒，于是派人将戚夫人的手脚砍断，熏聋了她的耳朵，灌哑药使她不能说话，关在猪圈里，起名为“人彘”。

小人还善于假借其人怨恨，挑其与他人矛盾。唐玄宗时，高力士靠着自己的狡猾，在玄宗面前非常得宠。大臣王毛仲对之却十分鄙视，稍不如意，便破口大骂。高力士对他颇为不满，屡进谗言。刚好毛仲妻生一男孩，三日后，玄宗命高力士代表皇上赐毛仲酒馔、金帛等物，并授予毛仲刚生的孩子五品官。高力士回来后，玄宗问：“毛仲喜欢吗？”高力士说：“毛仲抱着儿子对我说：‘我孩子能做三品官！’”玄宗大怒说：“过去诛杀韦民时，他就心持两端，我都没有追究，今日还拿毛孩怨我！”于是，将王毛仲贬为兖州别驾。

小人往往是伪造阴谋的高手，善于挑起人主的猜忌。明朝初年刘基曾上书说瓯、括之间有块地叫谈洋，南与福建交界，盐盗盛行，社会混乱，要求在这里设巡检司把守，以治其乱。胡惟庸当时以左丞掌省事，他对明太祖朱元璋说谈洋之地有王气，刘基想霸占作为自己的基地，但当地的臣民不同意，刘基便请求设立巡检司将臣民赶走。朱元璋听信谗言，解除了刘基的职务。之后，胡惟庸当了宰相，更加无法无天。刘基气得重病在家，朱元璋派胡惟庸带了御医去探望。御医开了药方，刘基服用后病情却更重了，最后终于死在家中。

小人还喜欢用“反间计”，常常用金钱来收买敌人，使其诋毁上级将领。战国时，秦国派王翦与端和共同率兵攻打赵国。赵国派李牧和司马尚抵抗。秦国方面则派人与赵王嬖臣郭开金接触，使郭开金攻击李牧和司马尚，说他二人打算谋反。赵王知道后，便派赵葱和齐将颜聚去取而代之，李牧拒不听命，赵王便派人将李牧逮捕杀害，同时也废除了司马尚的职位。后来，秦国军队大破赵军，赵王也做了俘虏。

小人在嫁祸他人方面也十分在行，常常令人防不胜防。唐中宗时期，武三思为离间中宗与张柬之等五王关系，暗地教人上奏皇上，诉说皇后秽行于天津桥，请皇上废黜皇后。皇上十分气愤，命御史大夫李承嘉将此事查个水落石出。承嘉奏道：“此事乃敬辉、桓彦范、张柬之、袁恕已、崔玄韦教人所为，他们虽称为黜皇后，实际上是要谋反，我建议将他们诛灭九族。”于是，皇上命司法部门审理。最后，将敬辉、张柬之等五王长期流放边疆。

自古以来，谗言始于小人，任谗言摆布者多无善终。无论在什么时代，小人都是制造混乱的罪魁祸首。所以，管理者为了组织的利益，必须小心谨慎，找准机会将小人彻底清除，以免祸害大众。

多疑之人，不可共事

多疑之人不可与共事，侥幸之人不可与定国。多疑之人其心离，其败也以扰；侥幸之人其心汰，其败也以忽。

——（明）刘伯温《郁离子》

【译文】

不能和生性多疑的人共同处理大事，不能和做事总是怀有侥幸心理的人商议稳定国家的大事。生性多疑的人，他的心不集中，办事失败的概率大。有侥幸心理的人，他经常会考虑不周，会因为疏忽而把事办砸了。

【解读】

生活中猜疑心很重的人，整天疑心重重、无中生有，认为人人都不可信、不可交。他们特别注意留心外界和别人对自己的态度，别人脱口而出的一句话很可能琢磨半天，努力发现其中的“潜台词”，这样便不能轻松自然地与人交往，久而久之不仅自己心情不好，也影响到人际关系。

不得不说，每个人都有多疑的时候，疑心是人在社会生活中预防性保护自己的正常心理活动，但过于疑心和过于敏感就是不正常的现象了。

明朝建立以后，开国皇帝朱元璋生性猜忌的心理日益显露出来，他为了自己的王朝能够长治久安，借胡惟庸、蓝玉之案，大做文章，火烧庆功楼，诛杀功臣，排除异己。为了巩固皇权，他制订《明律》，设立东厂、西厂的锦衣卫特务机构，明朝成为历史上专制最严重的王朝之一。

朱元璋还大兴“文字狱”，当时因文字被杀的人不计其数。最能体现朱元璋猜疑心理的是连备受他重用的宋濂也难免遭殃。大学士宋濂告老还乡，每年都要来觐见朱元璋。有一年没有来，朱元璋就将他的儿子杀掉，并将宋濂谪居茂州。

另外，朱元璋还下令天下大办学校，初衷不是振兴文化，而是为了统一思想，从这个举措上，也可看出他那多疑狭隘的心态来。洪武二年，朱元璋诏令天下建立学校。他做了校训刻石于校门前，不许生员“矜奇立异”，不许生员直言。他多疑的心态使他残酷迫害一切，尤其是对文人的迫害，形成了轻视和践踏文化教育的恶劣风气。

朱元璋的多疑还体现他谋杀开国元勋上，他称帝不久便迫不及待地大杀臣子甚至皇族。当时的京官去见皇上之前，都要和妻子儿女诀别，到下午平安地回到家，全家人才高兴起来。

同样生性多疑的还有李密。大业九年（613 年），杨玄感起兵，李密成为重要参谋。杨玄感失败后，李密流落江湖，后经王伯当介绍参加了瓦岗军，其军事才能逐渐显露出来。在李密的帮助下，瓦岗军由数万人发展到数十万人，斩张须陀，拔兴洛仓，降裴仁基，逐渐成为隋政权的主要对手，李密也成为各地反隋起义军的盟主。

后来，李密与杀隋炀帝急于西进关中的宇文化及十万军队火并，实力受到很大的影响，虽然取得了胜利，但“劲卒良马多死”。武德元年（618 年）九月，李密与王世充邙山决战，李密失利后迅速走向溃亡，他多疑的性格是导致失败的重要原因。

李密为人，善谋而多疑，往往在关键时刻犯致命的错误。翟让虽然才能不及李密，但是心胸广阔，在李密为瓦岗立下大功之后全力推举李密为瓦岗领袖，自己甘居其下。但是，他的一位部下为他鸣不平，劝他将李密的权力收回。翟让虽然没有收回李密权力的想法，但李密在知道这件事之后害怕翟让夺权，很快将其谋杀了。

就在翟让被杀的同时，他的心腹部下徐世绩也被砍伤。翟让和李密是瓦岗军共同的缔造者，李密其实并没有非杀翟让不可的理由，有的只是杯弓蛇影的多疑心态，以及“壮士断腕”的权术手段。

谋杀翟让，无疑加大了瓦岗诸将对李密的猜忌之心，后来邙山大战失利，瓦岗军将领单雄信、秦叔宝、程知节等纷纷投降王世充就是证明。

还有徐世绩，他英勇善战，但曾是翟让的部下，并且在李密杀翟让时险些丧命，因此，李密害怕徐世绩报复，对徐世绩多方猜忌。

在与王世充决战前，李密派徐世绩出镇黎阳。李密邙山失利后，徐世绩在黎阳，有众十万，李密并没有投靠徐世绩，而是选择去关中投靠李渊，这让人很难理解。其实，李密当时新败，军队只有两万人，徐世绩有众十万，如果投靠过去，有被吞并的危险，何况徐世绩还曾险些被自己杀害。

后来的实践证明，李密对徐世绩的猜忌和怀疑是多余的。李密被杀后，“世绩北面拜伏号恸，表请收葬……为之行服，备君臣之礼。大具仪卫，举军缟素，葬密于黎阳山南”。如果李密不再多疑，而是和徐世绩合兵一道，有众十多万，还有重整旗鼓、恢复元气的机会，就不至于落下一个悲剧性的结局了。

正所谓：“多疑是误解和忧患的红娘。”我们的心态要平和一些，心境要宽阔一些，遇事常露笑颜，遇人常给笑脸，将“多疑”赶出生活，快乐将常伴我们左右。

得人则安，失人则危

得人则安，失人则危。

——（魏）曹丕《秋胡行三首》

【译文】

得到人才，国家就能安全稳定；失去人才，国家则会陷入危机。

【解读】

战国时期，燕昭王继位后，决心要一洗国耻，重振燕国声威。为此，他广招贤士，虚心求教。他特意建了一座“黄金台”，置千金于台上，广招天下贤士。

不久，乐毅、邹衍、剧辛等贤才纷纷前来投奔。昭王与他们共议国事，并委以重任。在这些贤才的辅佐下，燕国逐渐强大起来。乐毅指挥军队成功复仇齐国，几乎使这个当时最强大的国家灭亡。燕国也由此跻身战国七雄之列，从濒临亡国的境地中复苏。

然而，好景不长。燕昭王去世后，其子燕惠王继位。惠王与昭王不同，他并不重视人才，也不懂得如何用人。他听信谗言，解除了乐毅的军权，导致乐毅离开燕国，投奔了赵国。同时，其他一些贤才也因得不到重用而纷纷离去。

失去人才的燕国，很快便陷入了困境。在齐国的反击下，燕国迅速败退，国力大损。原本强大的燕国，因失去了贤才的辅助而迅速衰落。

燕昭王因得人才而国家强盛，燕惠王因失人才而国家衰败。这充分说明了人才对于国家兴衰的重要性。

在现代社会，同样如此。一个企业或国家，如果能够吸引和留住优秀的人才，就能够保持强大的竞争力和发展动力；反之，如果忽视人才的重要性，就会陷入困境，甚至面临危机。因此，我们应该深刻认识到人才的重要性，努力营造有利于人才成长和发挥作用的良好环境。

贤才不备，不足以为治

盖贤才不备，不足以为治。鸿鹄之能远举者，为其有羽翼也；蛟龙之能腾跃者，为其有鳞鬣也；人君之能致治者，为其有贤人而为之辅也。

——（清）张廷玉《明史》

【译文】

如果贤才不充足，就不能治理好天下。鸿鹄可以飞得远，是因为它有长着有羽毛的翅膀；蛟龙能在水里遨游，是因为它有鳞片和鬣毛的保护；百姓的君主想要治理好国家，就需要有贤才辅佐。

【解读】

这段话是明太祖朱元璋的诏书，他认为只有拥有足够的贤才，才能实现国家的有效治理。

秦孝公即位后，面对国力衰弱的秦国，决心变法图强。他深知，要实现国家的强盛，必须依靠贤能的辅佐。于是，他发布求贤令，广招天下英才。

商鞅听闻秦孝公的求贤令后，携带着自己的变法理念来到秦国。他向秦孝公详细阐述了富国强兵之道，提出了废除井田制、推行小家庭制度、重农抑商、奖励军功等一系列变法措施。

秦孝公对商鞅的变法理念深表赞同，决定任命他为左庶长，主持变法事宜。在商鞅的精心策划和推动下，秦国开始了轰轰烈烈的变法运动。经过一系列的改革，秦国的国力迅速提升，军队战斗力大增，逐渐成为战国七雄中的强国。

然而，商鞅的变法触犯了旧贵族的利益，遭到了他们的强烈反对。秦孝公去世后，旧贵族发动政变，诬陷商鞅谋反。商鞅被迫逃离秦国，最终惨遭车裂而死。

商鞅虽死，他的变法成果却得以保留。在商鞅变法的基础上，秦国继续发展壮大，最终由秦始皇统一六国，建立了强大的秦朝。

秦孝公因为得到商鞅这样的贤才辅佐，才能成功变法图强，使秦国由弱变强。而商鞅的变法成果也为秦国的统一奠定了基础。如果没有商鞅这样的贤才辅佐，秦国或许仍会沉浸在衰弱的泥沼中无法自拔。这充分说明了贤才在国家治理和发展中的重要作用。作为领导者，要有识才之眼、用才之智，善于发现和培养贤才，并充分发挥他们的才能和智慧。只有这样，才能实现国家的长治久安和繁荣昌盛。

远离谗佞小人

夫小人之为谗佞也，其设心机巧，渐渍而入。始焉必以微事可信者，言于人主，以探其浅深。人主苟信之，彼他日复有言，必以为其尝言者可信，将不复审察。彼谗佞者因得肆其志，而妨贤病国，无所不至。

——（明）余继登《典故记闻》

【译文】

谗佞小人费尽心思地诽谤巴结，渐渐地就会影响人的内心。开始时，他们必定会告诉君主一些可信的小事，通过它来打探君主的深浅。如果君主相信了他，之后他再来进言，就会因为他之前的话可信，不再慎重地思考他的话，于是谗佞的小人就得逞了，从而他们就会妨害贤人、贻害国家，造成大的祸患了。

【解读】

此段为明太祖朱元璋与臣子们谈论关于忠谏和谗佞的言论。

明朝末期，宫廷中有一位名叫魏忠贤的宦官，他表面谦卑，实则心机深沉。明熹宗朱由校即位后，沉迷于玩乐，对朝政并不上心。魏忠贤看准了这个机会，开始了他的权力之路。

起初，魏忠贤总是以一些琐碎的小事向皇帝进言，明熹宗觉得这些建议都合他的心意，于是对魏忠贤的信任逐渐增加。

随着时间的推移，魏忠贤开始尝试插手朝政。他先是暗中观察朝中的官员，了解他们的性格和弱点，然后巧妙地利用这些信息来操控皇帝的心意。他向皇帝进言，诬陷那些忠诚正直的官员，说他们心怀不轨，意图谋反。明熹宗年轻且缺乏经验，被魏忠贤的言辞所迷惑，开始对那些官员产生怀疑。

魏忠贤趁机在朝廷中安插自己的亲信，这些亲信都是他的爪牙，对他唯命是从。他们开始在朝廷中散布谣言，制造混乱，使得朝廷上下人心惶惶。

对于那些敢于反抗魏忠贤的官员，他更是毫不留情地进行打压。他指使手下制造假证据，诬陷这些官员贪污受贿、结党营私。明熹宗在魏忠贤的蒙蔽下，对这些官员进行了严厉的惩处，甚至有的被处以极刑。

久而久之，魏忠贤的权势越来越大，几乎成为朝廷中的主宰。这不仅败坏了朝廷的风气，也严重损害了国家的利益，导致明朝末期政治腐败、民不聊生。他的行为提醒我们，在用人和决策时，必须保持清醒的头脑，审慎判断，避免被小人蒙蔽。

博访英贤，搜扬侧陋

是明君旁求俊乂，博访英贤，搜扬侧陋。不以卑而不用，不以辱而不尊。

——（唐）李世民《帝范》

【译文】

圣明的君主应当多方寻求有杰出才能的人，广泛寻找德才兼备的人，搜寻和推荐出身卑微的贤者。不会因为他出身卑微就不任用他，也不会因他曾经受到过屈辱就不尊重他。

【解读】

在东汉末年乱世中，刘备为了复兴汉室，一直在寻找能够辅佐他的贤才。他听闻诸葛亮虽出身贫寒，却有经天纬地之才，于是决定亲自前往隆中请诸葛亮出山相助。

第一次，刘备带着关羽和张飞来到隆中，但诸葛亮恰好外出，他们未能见到诸葛亮本人。刘备没有灰心，留下书信表达了自己的诚意和愿景。

刘备第二次来到隆中，但这次诸葛亮又外出闲游，他们只遇到了诸葛亮的弟弟诸葛均。刘备仍然没有放弃，他留下话让诸葛均转告诸葛亮，表示自己会再来拜访。

后来，刘备又一次来到隆中，这次他选择在诸葛亮的茅庐前等待。尽管当时正值隆冬，大雪纷飞，刘备仍然坚持等待。最终，诸葛亮被刘备的诚意所打动，与他进行了深入的交谈。诸葛亮向刘备提出了著名的“隆中对”，为刘备规划了三分天下的战略。

刘备通过三次亲自拜访，终于请得诸葛亮出山相助。此后，诸葛亮成为刘备的重要谋士，为蜀汉的建立和发展做出了巨大贡献。

“三顾茅庐”的故事在后世广为流传，成为尊重人才、求贤若渴的象征。它告诉我们，只有真正尊重人才、诚心诚意地寻求贤才，才能吸引和留住那些有才能、有品德的人，共同创造美好的未来。

至公而无私，可免于怨

夫不正于昧金而照于莹镜者，以莹能明也；不鉴于流波而鉴于静水者，以静能清也。镜、水以明清之性，故能形物之形，见其善恶。而物无怨者，以镜、水至公而无私也。镜、水至公，可免于怨，而况于人乎！

——（唐）武则天《臣轨》

【译文】

整理衣冠不使用模糊不清的镜子，而用清晰明亮的镜子，因为明镜才能照得更清楚；不用流水照影子而用静水，因为静水才能看得更加清楚。明镜和静水都具有明亮清楚的性质，因此能够照出物体的形状，显示它的好坏。被照到的事物不会怨恨，是因为明镜和静水是最公正无私的。明镜和静水公正，能够避免怨恨，况且是人呢！

【解读】

祁黄羊是春秋时期晋国的一位大夫，他为人公正无私，深受晋悼公的信任。当时，中军尉一职出现空缺，晋悼公询问祁黄羊谁可胜任。祁黄羊毫不犹豫地推荐了自己的仇人解狐。晋悼公虽然感到意外，但还是接受了祁黄羊的建议，任命解狐为中军尉。然而，解狐不久就去世了，这个职位再次空缺。晋悼公再次询问祁黄羊，祁黄羊这次推荐了自己的儿子祁午。晋悼公虽然对祁黄羊的公正无私表示赞赏，但还是担心人们会议论他偏袒亲人。祁黄羊回答道："您问的是谁可以胜任这个职位，而不是问谁是我的仇人或亲人。因此，我只考虑谁最适合这个职位，而不考虑其他因素。"晋悼公听后大为感动，再次接受了祁黄羊的建议，任命祁午为中军尉。祁午果然不负众望，表现得非常出色。

祁黄羊就像一面明镜，他的公正无私使得他的推荐能够真实地反映出每个人的能力和适任程度，而不受个人情感或偏见的影响。他的行为赢得了人们的尊重和信任，也为晋国的发展做出了重要贡献。这个典故告诉我们，只有像祁黄羊这样公正无私、坦诚相待的人，才能在社会中赢得他人的尊重和信任，实现个人的价值和社会的和谐。

识人用人，慎选良才

为人上者，用人虽宜信，然亦不可遽信。在下者，常视上意所向而巧以投之，一有偏好则下必投其所好以诱之。

——（清）康熙《庭训格言》

【译文】

居上位的人，虽然在用人时应该信任他，但不能立刻相信他。因为居下位的人经常会观察上司的喜好，专门巧妙地迎合上司，如果上司表现出某种偏好，有人会马上迎合他的爱好来诱导他。

【解读】

马谡是蜀国的一位谋士，诸葛亮对他颇为器重，经常与他讨论军国大事。然而，尽管马谡口若悬河，善于纸上谈兵，但他缺乏实战经验，对实际战场的复杂性认识不足。诸葛亮在用人之际，虽然信任马谡的才华，但没有充分考虑到他的实际能力和经验。

在街亭之战中，诸葛亮原本打算派遣经验丰富的将领去镇守街亭，马谡却主动请缨，声称自己有守城的良策。诸葛亮在听取了马谡的陈述后，虽然有些犹豫，最终还是被马谡的言辞所打动，将重任交给了他。

然而，马谡到了街亭之后，并没有按照诸葛亮的部署行事，而是根据自己的想法随意改变战术。他过于自信，认为自己的策略能够轻松击败敌军，却忽略了敌军可能采取的应对措施。结果，敌军利用马谡的失误，成功突破了街亭防线，导致蜀军大败。

马谡通过观察诸葛亮的言行和偏好，巧妙地迎合了诸葛亮的意愿，获得了镇守街亭的机会。然而，他并没有真正理解和执行诸葛亮的意图，而是根据自己的想法行事，最终导致了失败。

这个历史典故提醒我们，在用人之际要保持谨慎和明智的态度，不可轻易信任下属的言辞和承诺。同时，作为下属也要保持诚实守信的品质，不要为了谋取私利而迎合和诱导领导者做出错误的决策。只有建立在信任和尊重基础上的上下级关系，才能长久稳定地推动事业的发展。

无智无谋，勿领兵权

无智略权谋，而以重赏尊爵之故，强勇轻战，侥幸于外，王者慎勿使为将。

——（商末周初）姜子牙《六韬》

【译文】

没有才智与谋略，为了获得重赏被赐予爵位而仗着自己勇敢就不把对手放在心上，期盼可以依靠侥幸取胜，建功立业，君主绝对不要让这样的人率领军队。

【解读】

赵括是战国时期赵国名将赵奢之子，他从小便熟读兵书，对各种战术战法都能娓娓道来，谈论起用兵打仗之事时更是头头是道。赵括也因此认为自己非常了不起，是一个军事奇才，可以统率大军，驰骋疆场，建功立业。然而，他的父亲赵奢认为他并不适合担任将领，因为他缺乏实际的军事经验和战场应变能力。

后来，赵孝成王继位，秦国发兵攻打赵国，赵孝成王决定派遣上将军廉颇率军迎战。然而，廉颇虽然英勇善战，但秦军实力强大，赵军连战不利，赵孝成王为此非常忧虑。此时，秦国派人到赵国散布谣言，称秦军最怕赵括担任将领。赵孝成王听信谣言，不顾大臣们的反对，任命赵括为上将军，替代廉颇出征。

赵括上任后，完全改变了廉颇的作战策略，导致赵军陷入被动。秦军趁机发动猛攻，赵军大败，损失惨重。赵军四十余万士兵被秦军坑杀，赵括自己也在战斗中阵亡。

没有才智与谋略，仅凭书本知识和重赏的激励，是无法在实战中取得胜利的。赵括虽然对兵法有所了解，但缺乏实际的军事经验和战略眼光，无法根据战场形势灵活应变，最终导致了惨重的失败。这个故事告诉我们，要注重实践经验、有自知之明、不依赖表面功夫和物质激励，以及依靠智谋而非侥幸来取得成功。

防有名无实，避巧言令色

有名无实，出入异言，掩善扬恶，进退为巧，王者慎勿与谋。

——（商末周初）姜子牙《六韬》

【译文】

没有真正的学问而只有虚名，内外的言论和行为不一致，遮掩别人所做的善事，宣扬别人犯下的恶行，到处用巧妙的手段谋取不正当的利益，君主一定要谨慎与这样的人商讨国家大事。

【解读】

刘伯温是明朝初期的一位杰出谋士，他以卓越的智慧和独到的见解而著称。朱元璋在起义初期就听闻了刘伯温的才华，于是将他招致麾下，委以重任。

有一次，朱元璋与刘伯温商讨国事，朱元璋问刘伯温：“天下何人可与我共谋大事？”刘伯温回答说：“天下英才众多，然能与陛下共谋大事者，当数徐达、常遇春等将军，他们勇猛善战。至于谋士之中，臣虽不才，愿尽力辅佐陛下。”

朱元璋听后十分满意，对刘伯温更加器重。然而，随着时间的推移，朱元璋的疑心病逐渐加重，他开始怀疑身边的每一个人，包括曾经最信任的刘伯温。

有一天，朱元璋突然问刘伯温："你知道我为何能得天下吗？"刘伯温回答说："陛下英明神武，得民心者得天下。"朱元璋却摇了摇头，说："不然，我得天下，实因我能识人用人。然而，现在我发现，有些人虽然表面上忠诚，实则心怀叵测。你说，这样的人该如何处置？"

刘伯温听后，心中一凛，他明白朱元璋是在试探自己。于是，他巧妙地回答说："陛下，人心难测，但只要我们保持警惕，不被表面的言辞所迷惑，就能识破那些心怀不轨之人。至于处置之法，当以国家大局为重，不可轻举妄动。"

朱元璋听了刘伯温的回答，虽然没有完全消除疑虑，但也对他的忠诚和智慧表示了赞赏。此后，虽然朱元璋对刘伯温仍有所保留，但也没有再对他产生过大的猜忌。

作为一个领导者，在用人和决策时，需要保持警惕和明智。对于那些表面看似忠诚实则心怀叵测的人，我们应该保持警惕，避免被其迷惑。同时，我们也要珍惜那些真正忠诚且有能力的人才，给予他们充分的信任和重用。只有这样，我们才能确保团队的稳定和国家的长治久安。

远离虚伪的人

朴其身躬，恶其衣服，语无为以求名，言无欲以求利。此伪人也，王者慎勿近。

——（商末周初）姜子牙《六韬》

【译文】

外在非常朴素，身穿粗糙低劣的衣服。自称无为实际却利用手段谋取声誉，自称没什么想要的实际却贪图利益。如此虚伪之人，君王切勿与他们走得太近。

【解读】

苏秦是战国时期的著名纵横家，他以辩才出众、谋略深远而闻名于世。然而，在苏秦成名之前，他曾经历过一段困苦的生活，并因此走上了伪装的道路。

起初，苏秦怀揣着满腔热血，四处游说各国君主，希望能够施展自己的才华。然而，由于他年轻且没有名气，各国君主都对他不屑一顾。备受打击的苏秦，回到家中后深感羞愧，决心发奋图强，重新崛起。

为了寻找崛起的机会，苏秦开始改变自己的形象。他换上了破旧的衣服，过上了俭朴的生活，以此显示自己的清廉无欲。他四处游历，与人交谈时总是谈论无为而治、无欲无求的道理，似乎是一个超脱世俗、追求真理的高士。

然而，苏秦的内心并非真的如此无欲无求。他之所以这样做，只是为了掩盖自己的真实目的，以便更好地接近那些有权有势的人，从而实现自己的野心。他利用自己的辩才和谋略，暗中谋求私利，逐步积累起自己的势力和财富。

然而，尽管苏秦的伪装一度让他获得了成功，但最终他的真实面目还是被揭穿了。人们发现他并非真的无欲无求，而是有着极大的野心和欲望。他的伪装和欺骗行为引起了人们的愤怒和唾弃，最终导致了他的失败和灭亡。

那些表面上朴素无华、无欲无求的人，并不一定就是真正的贤者。他们可能只是在伪装自己，以掩盖内心的贪婪和欲望。因此，作为领导者或与人相处时，我们应该保持警惕，不要被表面的假象迷惑。我们应该注重考察对方的真实品德和意图，以便做出明智的决策和选择。同时，我们也应该坚守自己的原则和底线，不被外界的诱惑动摇，保持清醒的头脑和坚定的信念。

贵贱无常，唯才是举

官无常贵而民无终贱，有能则举之，无能则下之。

——（春秋战国）墨子《墨子》

【译文】

身为高官的人不会永久地富裕，而贫贱的百姓也不会永久地卑贱下去；谁有能力就应该大力推举谁，谁没有能力就应该罢免谁。

【解读】

清朝末年的改革家李鸿章起初并非出身于显赫的家族，但凭借自己的才华和努力，逐渐在官场崭露头角。他积极推动洋务运动，引进西方科技，改革军事，为清朝的现代化做出了巨大贡献。他的能力和成就得到了朝廷的认可，最终升任为直隶总督兼北洋通商大臣，权倾一时。然而，随着清朝的衰落和列强的入侵，李鸿章也面临着巨大的压力和困境。尽管他努力维持国家的稳定和发展，但最终还是无法挽回清朝的颓势。可见，即使身为高官，如果无法应对时代的变革和挑战，地位和财富也可能随之消失。

反之，我们也可以看到许多出身低微但凭借才能和努力改变命运的人。比如明朝的开国皇帝朱元璋，他出身贫寒，曾是一个放牛娃。然而，他凭借自己的聪明才智和勇敢决断，在乱世中崛起，最终推翻了元朝的统治，建立了明朝。他大力推行改革，发展经济，使得明朝在他的治理下达到了鼎盛时期。可见，贫贱百姓通过自身努力和能力也有改变命运的可能性。

这两个例子不仅展示了人们对公正和平等的追求，也提醒我们在现代社会中依然需要秉持这样的理念。我们应该努力营造一个公平、公正、充满机遇的社会环境，让每个人都有机会展示自己的才能和实现自己的梦想。同时，我们也应该重视人才的选拔和使用，确保有能力的人得到应有的机会和待遇，为社会的进步和发展贡献力量。

良马难乘，良才难令

良马难乘，然可以任重致远；良才难令，然可以致君见尊。

——（春秋战国）墨子《墨子》

【译文】

优秀的马儿难以驾驭，却能够背着重物跑得很远；品德高尚的人难以驱使，却能够让君主更加令人尊重。

【解读】

文帝后元六年（前158年），匈奴大举入侵汉朝边境，形势十分严峻。周亚夫被任命为将军，负责守卫细柳营，以抵御匈奴的侵略。他深知军纪是军队的灵魂，因此，治军极为严格。无论是士兵还是将领，都必须严格遵守军纪，不得有丝毫的懈怠。这种严谨的治军方式使得细柳营的军队面貌焕然一新，士气高昂，战斗力也得到了极大的提升。

汉文帝为了鼓舞士气，亲自前往细柳营慰劳军队。然而，当文帝的车驾到达细柳营时，却遭到了周亚夫的拒绝。周亚夫以军法为由，拒绝让文帝直接进入军营。他要求文帝按照军营的规定，下马步行，并派遣使者持节传达命令，才允许文帝进入。这一举动虽然让文帝感到惊讶，但他也深知周亚夫的用意，因此并没有怪罪他。

进入军营后，文帝看到了周亚夫治军的严谨和士兵们的精神风貌，深感欣慰。他赞扬周亚夫是真正的将军，并对他表示了高度的赞赏。这次细柳阅兵，不仅展示了周亚夫治军的严格和公正，也体现了他的忠诚和担当。

周亚夫凭借自己的才华和智慧，为汉朝的安定和发展做出了巨大的贡献。他不仅在军事上有所建树，还曾担任丞相一职，为国家的政治稳定和发展出谋划策。他的存在，使得汉朝的君主得到了人们的尊重和敬仰，提升了国家的地位。

这个故事告诉我们，对于优秀的人才，我们应该给予足够的理解和尊重，充分发挥他们的优势，让他们为我们的生活和事业带来更多的贡献和价值。

第五章

灵活应变：处变不惊，决胜千里

鬼谷子认为，一个经常与居上位者接触的人，他的一言一行都必须小心谨慎，不能有半点马虎，否则就可能会遭遇祸事。在风云变幻的政治斗争中，谁都无法预测下一秒会发生什么，因此，我们唯一可以做的，是保持沉稳的心态，用处变不惊的稳重，应对变幻莫测的命运。

因利而制权

计利以听，乃为之势，以佐其外。势者，因利而制权也。

——（春秋）孙武《孙子兵法》

【译文】

君主经过权衡利弊，听从我的计谋，将会形成有利的客观形势，这有助于实现军事目的的外部条件。有利的客观形势是从对人有利的原则出发，根据实际情况，采取机动灵活的措施造成的。

【解读】

随机应变是一种生存技能，巧生心智会改变命运。如果能够在战场中随机应变，也许改变的就不是某个人的命运，而是一个国家的发展方向。

三国时期，刘备寄居曹操篱下，唯恐曹操猜疑，便韬光养晦，在后园里种菜，表明自己胸无大志。一日，曹操与刘备青梅煮酒论英雄，三言两语道破他“英雄”的真面目，刘备惊慌，手中筷子滑落，正巧天公作美，雷鸣几声，刘备巧生心智，谎称雷声吓落筷子，于是搪塞过关。

南北朝时，西魏大将宇文泰和东魏诸将侯景等作战，宇文泰的坐骑被箭射中，摔落在地，左右随从在战乱中逃跑，身边只有都督李穆一人。敌军尾随在后，不久便要追赶上来，李穆急中生智，下马鞭打宇文泰，骂道："你这无用之人，你主将身在何处，留你在此。"追兵听李穆如此说，便觉得眼前这人不是主将，于是匆忙追赶，宇文泰也因此得以逃脱。

北宋时期，曹翰被贬至汝州，生计窘迫，他本为有功之臣，只是苦于无人说与皇上听。于是在宫廷使者来汝州时巧生心智，告诉使者说："家中生计困难，我用包袱中的新衣裳向皇上抵押一万文钱，希望你能帮我送达。"使者回宫后将此事报与宋太宗，宋太宗打开包袱，发现包袱中并不是衣服，而是一幅画，画题为《下江南图》，图为当年曹翰担任行营先锋都指挥使，为大宋灭南唐的情景。太宗触景生情，遥想曹翰当年的功勋，不觉难过，对曹翰心生怜悯，于是将他召回京师。

现如今，这种技能几乎贯穿于生活的每一天，学以致用，恰到好处。

战胜不复，形于无穷

故策之而知得失之计，作之而知动静之理，形之而知死生之地，角之而知有余不足之处。故形兵之极，至于无形；无形，则深间不能窥，智者不能谋。因形而措胜于众，众不能知。人皆知我所以胜之形，而莫知吾所以制胜之形。故其战胜不复，而应形于无穷。

——（春秋）孙武《孙子兵法》

【译文】

通过仔细分析可以判断敌人作战计划的优劣得失；通过挑动敌人，可以了解敌方的活动规律；通过"示形"，可以弄清地形是否对敌有利；通过试探性进攻，可以探明敌方兵力布置的强弱多寡。所以，示形诱敌的方法运用得极其巧妙时，一点破绽也没有。到这种境地，即使隐藏再深的间谍也不能探明我的虚实，智慧高超的敌手也想不出对付我的办法。根据敌情采取制胜的策略，即使摆在众人面前，众人也理解不了。人们都知道我克敌制胜的方法，却不知道我是怎样运用这些方法制胜的。所以战胜敌人的战略和战术每次都是不一样的，应适应敌情灵活运用。

【解读】

世界上没有两片相同的叶子，也没有两条相同的河。一个人的成功无法复制，一个人的思维也无法复制。在面对相同的敌人时，如果所处的环境不同，也要做出相应的改变。

楚汉时期，陈平投奔项羽，跟随项羽入关攻破秦国，项羽赐给他卿一级的爵位。他在鸿门宴上见到了刘邦，认为刘邦将来必成大器。于是，才华横溢的陈平就处于“身在楚营心在汉”的矛盾之中了。

这时，刘邦被项羽困在咸阳，等于软禁。刘邦问计于张良，可张良也身陷敌营，一筹莫展。这时，他们想到了陈平，张良决定孤注一掷，暗中去找陈平。没想到，两人一见如故，相见恨晚。临别，张良直言来访的意图，陈平思考片刻后，说：“要从项羽身边救出刘邦，首先要‘调虎离山’，必须让范增离开项羽几天，不然怎么也不行。”

第二天，陈平设计请项羽给楚怀王上义帝的尊号，送他到郴州去养老，这样项羽就可以此号召天下了。陈平的话正中项羽的意。不久，范增上朝见项羽，项羽对范增说：“天无二日，民无二主。”接着，项羽把陈平的话变成自己的话说了一遍，说是自己想起来的。

范增立即附和说：“大王，这事儿还真得解决，宜快不宜迟。而且，这事儿还就得我去。”但范增毕竟也是谋士，临行前向项羽提出三件事，第一件就是不能让刘邦回到汉中，项羽答应后范增才走。

接着，陈平对项羽说：“刚安定下来，必须节约。现在诸侯们聚集咸阳，每路兵马都不下四万人，军粮的负担极重，若不赶快让诸侯们回国，恐怕老百姓就负担不起了。”

项羽一听，大吃一惊，马上传旨：天下诸侯，路远的给十天期限，路近的给五天期限，在限期内做好回国的准备；唯有刘邦留在咸阳，陪王伴驾。

项羽扣住刘邦，也在陈平的意料之中，陈平趁各路诸侯返国的机会，授意张良，使用声东击西的计策。于是，刘邦依张良之意上表，向项羽请假回故乡沛县省亲。

项羽犹疑不决，陈平乘机上奏："陛下既封刘邦为汉王，也已经布告天下，臣民共知，却不让他上任，恐怕不足以取信天下吧。人家也许会说，陛下一登位便说假话，那以后执行法令，也会阳奉阴违了。不如听张良的话，把刘邦的眷属当人质，留在咸阳，遣他回汉中去，这样既可以保全信用，又可以约束刘邦，这不是两全其美吗？"

项羽想了很久，同意了。

就这样，陈平用声东击西的计策救出了刘邦，不仅保住了刘邦的性命，更为刘邦日后东山再起赢得了良机。

在生活各处，不可照搬别人成功的模式，每个人所处的环境因素不同，应该根据自身实际情况，量身定做，制定有效的计划。

兵无常势，水无常形，因敌取胜

水因地而制流，兵因敌而制胜。故兵无常势，水无常形。能因敌变化而取胜者，谓之神。故五行无常胜，四时无常位，日有短长，月有死生。

——（春秋）孙武《孙子兵法》

【译文】

水根据地势来决定流向，军队根据敌情来采取制胜的方略。所以用兵作战没有一成不变的态势，正如流水没有固定的形状和去向。能够根据敌情的变化而取胜的，就叫作用兵如神。金、木、水、火、土这五行相生相克，没有哪一个常胜；四季相继相代，没有哪一个固定不移，白天的时间有长有短，月亮有圆也有缺。万物皆处于流变状态。

【解读】

世间万物每时每刻都在变化，无论做什么事情，都要根据实际情况制定切实可行的计划，这样才能轻松取得成功。

战国赵惠文王二十九年（前 270 年），秦加速进攻中原，包围赵国要地阏与城，双方相持不下。

赵惠文王在朝堂上与文武百官商讨对策时，廉颇、乐乘等认为不可前去相救，赵王不听，命赵奢领军前去。

赵奢在距邯郸三十里处扎营，下令道："凡谈军事者，下令进兵者，死。"

秦国叫战，赵奢不战。一月有余，赵军加筑工事，秦遣人刺探军情，赵奢盛情招待。秦使探视后，告知秦将，秦将认为赵奢意在增垒防守，而非救援，于是放松警惕。

赵奢趁秦军松懈时，下令前去解救阏与城之围，并命善于骑射的士兵在城外五十里外扎营，待赵奢进攻时，前后夹击。秦军人仰马翻，伤亡无数，秦将率残兵撤军。

武德四年（621 年），唐军自夔州出发，进攻江陵。

时至秋日，江水水位上涨，将士多有请求待江水水位降落后再进军。李靖解释道："兵贵神速，我军集于此，萧铣尚未得知，如能趁江水上涨之际抵达城下，便能攻其不备，攻下江陵。"

李孝恭听之，遂发战船两千余艘向江陵进军。当唐军抵达时，萧铣大吃一惊，匆忙中调兵，但将士一时无法抵达，只好集中附近兵力对付唐军。在李孝恭准备迎战时，李靖劝阻："萧铣的兵力是临时集中而来，其势必不久，不如暂停泊南岸，待萧铣兵力分散后进攻，则易取胜。"

李孝恭不听，执意率军而出，让李靖独守营寨，结果败归。

萧铣用船装运唐军战败留下的物资时，李靖趁乱而出，取得大胜。

元和十三年（818 年）冬，李愬奉命出兵蔡州。

雨雪纷飞，李愬下令向东，将士上下皆不知军事目的地和军事任务。东行三十里后，唐军夜间抵达张柴村，趁守军不备，全歼守军。

稍作休整，李愬留五百人守城栅，防备朗山之敌，再派五百人切断各地的桥梁，其余军队随李愬投入战争。此时，李愬才告知将士入蔡州取吴元济。

李愬所带将士不多，三军不过九千人，一路上寒风凛冽，道路险峻。若是一开始告知，士气大降；此时告知，无路可退，只能硬着头皮进攻。

唐军强行三十五里，抵达蔡州。

自吴少诚抗命，唐军已有三十余年未到蔡州，因此蔡州毫无防备。夜深潜入城门，得手后，大开城门，迎接唐军，而后依法偷袭。天未明，城已陷，未惊动城内百姓。

实事求是，正视自己，正视事实，制定真实有效的计划，才能取得成功。

九地之变，不可不察

九地之变，屈伸之利，人情之理，不可不察。

——（春秋）孙武《孙子兵法》

【译文】

九种地形的应变处置，攻防进退的利害得失，全军上下的心理状态，这些都是作为将帅不能不认真研究和周密考察的。

【解读】

作为一个领导者，不仅要有敏锐的洞察能力，还要有客观的判断能力，遇事冷静，处变不惊地面对一切变化，及时采取有效的应对措施。

周显王十六年（前353年），齐国军队兵分两路，一路与宋国景敌、卫国公孙仓所率部队会合，一起围攻魏国的襄陵；一路由田忌、孙膑率领直接救援赵国，田忌为主将，孙膑为军师。

此时，魏军主力已攻破赵国邯郸，庞涓率军八万抵达茬丘，欲攻打卫国。此时齐国田忌、孙膑率兵八万抵达齐、魏边境。

田忌打算与魏军主力直接交战，孙膑拒之。孙膑分析：魏国久战于赵国，主力消耗很大，国内防务空虚，应当采用声东击西的战术，围魏救赵——直逼魏国大梁迫使魏国撤军，魏国只要一撤军，赵国自然就解围了。

孙膑于是建议田忌先南下佯装攻打魏国的平陵。因为平陵城池虽小，但人多兵强，是东阳地区的要塞之地，因此难以攻克；再者，平陵之南是宋国，平陵之北是卫国，进军途中必经过市丘，粮草易被截断。这样一来，就能迷惑魏军，让庞涓以为齐军无能。

田忌听从孙膑的计谋，拔营向平陵进军。抵达平陵边境，孙膑建议田忌由临淄、高唐两城的都大夫率军向平陵发动攻击来吸引魏军主力，不出所料，攻打平陵大败。

孙膑让田忌一面佯装派出轻装战车，直逼魏国大梁城郊，此举激怒了庞涓迫使其率军回援；一面又让田忌派出少数部队佯装与庞涓的部队进行交战，并假意以示弱姿态让庞涓轻敌。

田忌听从孙膑建议，庞涓果真丢掉了辎重，以轻装急行军队昼夜兼程赶回救大梁，此时，孙膑率主力部队在桂陵一带设下埋伏，最终杀死了庞涓。

武德六年（623 年）七月，原投降唐朝的农民起义军将领杜伏威和辅公祏，二人不和，辅公祏乘杜伏威入朝之际窃据丹阳，又举兵开始反唐。

高祖任李孝恭为主帅，李靖同时为副帅，率李勣等七总管东去讨伐。辅公祏派大将冯惠亮率三万水师驻守在当涂，陈正通亲率二万步骑驻守青林之地，自梁山用铁索横亘长江用以阻断水路。

李孝恭召集诸将商议军事，诸将建议说："冯惠亮、陈正通手握精锐兵力，是想依据天险固守。我们不如直捣丹阳，掩袭辅公祏巢穴，只要丹阳一旦攻破，冯惠亮等人必会不战而降。"李孝恭听之有理，觉得诸将的意见可行。

李靖却有不同的意见，他分析道："如果我军直捣丹阳，短期内若不能攻下就要滞留在那里，前面的辅公祏尚未平定，后方的冯惠亮又是一大隐患，这样恐怕我们就会腹背受敌，此非万全之计。冯惠亮、陈正通是身经百战的战将，不会畏惧野战，就因为辅公祏立下计谋，命令他们持重防守，不出战拖延时间以使我军疲劳。现在如果我们进攻冯惠亮、陈正通的城栅的话，就可以打他个出其不意，消灭敌人成败在此一举。"

李靖运筹帷幄，并且判断准确，迅速平定了辅公祏的反叛。

掌握先机和主动权，在混乱复杂的局势之中，处变不惊，重在冷静客观地分析局势的发展，尽量避开不利因素，从而取得战争的胜利。

敌变我变，随机应变

故为兵之事，在于顺详敌之意，并敌一向，千里杀将，此谓巧能成事者也。

——（春秋）孙武《孙子兵法》

【译文】

所以，指导战争的关键，在于谨慎地观察敌人的战略意图，集中兵力攻击敌人一部，千里奔袭，斩杀敌将，这就是所谓的巧妙用兵，实现克敌制胜的目的。

【解读】

与人竞争时，要时刻注意对方的行动，在对方策略改变之际，及时调整自己的状态来应对。要时刻记住，敌变我变，随机应变。

初平四年（193 年），曹操征讨陶谦，留夏侯惇固守濮阳。时张邈、陈宫叛投吕布，曹操的家眷都在鄄城里，夏侯惇率军队轻装救援，正好与吕布的军队正面相遇，双方发生交战。吕军退回后趁机进入濮阳，突袭夏侯惇军队并获得军用物资。

吕布又派将领佯装投降，趁机和夏侯惇的部下劫持夏侯惇，向他索要珍贵的宝物，夏侯惇的士兵非常惶恐。夏侯惇的部下韩浩遂指挥军队驻扎在夏侯惇军营外，命士兵按兵不动，等各个军营到达后才安定下来，并声称会按照国法处置，不会考虑人质的安全，做出了要出兵攻击劫持人质者的意向。劫持人质的人开始害怕，于是放弃了人质转而投降。

曹操听说这件事后，将攻击劫持人质者而不用顾忌人质定为军法令，于是以后就再也没有发生劫持人质的事件了。

建安五年（200 年），曹操和袁绍开始交战。许攸说："曹操兵少，会集中全力来抵抗我军，许都由剩下的人守卫，防备定空虚，如派一支队伍轻装前进，连夜偷袭，可攻陷许都。占领许都以后，就奉迎天子来讨伐曹操，必能活捉曹操。假如他没有立刻溃散，也能使他首尾不兼顾，疲于逃命，仍可将其击败。"袁绍却不同意，说："我定要先捉住曹操！"

当时，许攸家人犯法，留守在邺城的审配将他们逮捕，许攸知道后大怒便投奔了曹操。

曹操听说许攸来投奔自己，赶紧出迎，高兴地说道："子远来了，大事将成！"宴请许攸入座相谈。

许攸问："贵军军粮可以坚持多久？"

曹操说："尚可支持一年吧。"

许攸再说："哪会有这么多？说真的吧！"

曹操再答："还可支持半年。"

许攸说："难道你不想打败袁绍吗？为什么还不说真话？"

曹操说："跟你说笑罢了，其实军粮只剩此月的分量了。"

许攸便献计说："孟德孤军独守，既无援军也无粮食，正值危急存亡之际。现在袁军有粮食存于乌巢，虽有士兵，但防备全无，只要派轻兵偷袭乌巢，烧其粮草，不出三天，袁军定败亡！"

曹操听后大喜，派精兵假扮袁军，马衔枚，士兵拿着柴草向乌巢进发，遇上其他人问话，皆答："袁绍怕曹操偷袭，派我们把守。"

袁军也不疑有诈，均放其通行。到达乌巢后，曹军开始放火，袁绍营中大乱，曹军大破袁军，把粮草烧了个一干二净。

乌巢失守后，正在攻打曹军营寨的张郃、高览投降。袁军开始溃败，袁绍只带了八百骑兵逃回河北。

如果不针对自己和敌军后勤供给的变化，恐怕此仗曹操也不会这么轻易地拿下来。可见，不动声色地观察局势变化，局势变则自我变，抢先获取先机，争取主动权的优势。

拒绝因循守旧，避免陷入死局

故捭者，或捭而出之，或捭而内之；阖者，或阖而取之，或阖而去之。捭阖者，天地之道。捭阖者，以变动阴阳，四时开闭，以化万物。纵横反出、反覆反忤，必由此矣。

——（战国）鬼谷子《鬼谷子》

【译文】

因此，所谓开启，或者是通过开启而展示使用，或者是通过开启而收纳闭藏；所谓封闭，或者是通过封闭来自我约束，或者是通过封闭使别人离开。开启和闭合，是世间万物变化发展的规律。开启和闭合，是使事物阴阳对立的各方面发生变化的动力，就像春、夏、秋、冬四时的交替一样，促使万物发生变化。世间出现的纵横、离开、归复、反抗等现象，都是通过开启和闭合来实现的。

【解读】

纵观古今，那些能够做出巨大业绩的都不是因循守旧的人，而是深明变通之道而不拘泥于祖先之法的人。

商王盘庚就是这样的人，作为商朝的第二十代王，盘庚是个非常有才干的君主。在他即位之初，王族内部正呈现混乱的局面，社会局面也很不安定。为了改变这一动荡局势，他决心迁都于殷。但这一决策遭到了很多人的反对，大多数贵族都因循守旧或贪图安逸，不愿意离开自己的老巢。一些居心叵测的贵族甚至还煽动平民起来反对，一时人心惶惶。在这样的困难面前，盘庚并没有动摇迁都的决心，他克服了所有阻挠，带着平民和奴隶渡过黄河，迁都到了殷（今河南安阳小屯村）。后来，盘庚整顿朝政，励精图治，使人民的生活逐渐殷实起来，“盘庚迁都”这一壮举也被视为中国最早的改革行动。

在人类社会发展的历史长河中，变革是非常有必要，甚至是不可避免的。“盘庚迁都”是商朝历史上的一次重大社会变革，通过这次变革，商朝才由衰落走向振兴。由此可见，世界上没有什么是一成不变的，只有因势而动才能取得更大的进步。

春秋战国时期，人们还不习惯于骑马，中原的军队作战一般使用兵车。而当时的北方游牧民族非常善于骑射，相比之下，车战有着不够灵活机动的明显缺陷。这时，赵国的国君赵武灵王认识到，必须学习游牧民族的骑射才能振兴国家。于是，他决定实行“胡服骑射”的改革。这个改革方案一经推行，就遭到了很多大臣的激烈反对。当时，赵武灵王有个叔叔叫公子成，是在赵国很有影响力的老臣，他听说赵武灵王要让大家都改穿胡服，一气之下干脆装病不上朝了。赵武灵王知道后亲自上门找公子成，反复给他解释穿胡服、学骑射的好处，最后终于使公子成同意了这一改革方案。那些反对改革的大臣一见公子成都穿胡服了，也只好跟着穿了起来。很快，这种穿衣风格就在全国推行开来，虽然有些人刚开始不习惯，但穿了胡服觉得做事行动实在方便得多，就慢慢接受了。接着，赵武灵王又命令大家学习骑马射箭。这样不到一年，赵国就训练出了一支强大的骑兵队伍。到赵国实行“胡服骑射”的第七年，国家已经变得非常强大，陆续收服了中山、林胡、楼烦等国，向北方开辟了上千里的疆域，成为当时的“七雄”之一。

赵武灵王可以说是我国历史上社会改革的第一人，他没有以中原大国自居，而是勇于学习胡人先进的东西，正是这种积极求变的做法才让他成就了独霸一方的大业。

处变不惊，灵活应对

夫内有不合者，不可施行也。乃揣切时宜，从便所为，以求其变。以变求内者，若管取揵。言往者，先顺辞也；说来者，以变言也。善变者，审知地势，乃通于天，以化四时；使鬼神，合于阴阳，而牧人民。见其谋事，知其志意。事有不合者，有所未知也。合而不结者，阳亲而阴疏。事有不合者，圣人不为谋也。

——（战国）鬼谷子《鬼谷子》

【译文】

但凡事情的发展有不合时宜的地方，就不要轻易付诸实践。做事要懂得揣摩内情以切中时宜，给自己的所作所为提供方便，以求得事情的改变。用善于变化进言技巧来争取被采纳，这样就能像以门管来接纳门揵一样顺当。谈论过去的事情，要先顺着君王的心思加以合理的解释；凡谈及未来的事，可以与君主有不同意见。善于变化的人，要详细了解地理形势，只有这样，才能通晓天时，遵循四时变化规律，驾驭鬼神，合于阴阳之道。他统治下的百姓，都能够安居乐业。只要看君主的做事方式，就可判断出其志向和意愿。所办的事情凡有不合君主之意的，是因为对君主的意图还有不了解的地方。如果你的计谋合乎君主之意，却没有任何结果，那么你应表面上亲近，而暗中与之疏远。如果与君主的意见没有吻合的可能，圣人是不会为其谋划的。

【解读】

鬼谷子认为，一个经常与居上位者接触的人，他的一言一行都必须要小心谨慎，不能有半点马虎，否则就可能会遭遇祸事。在风云变幻的政治斗争中，谁都无法预测下一秒会发生什么，因此我们唯一可以做的，是保持沉稳的心态，用处变不惊的稳重，应对变幻莫测的命运。

东汉末年，曹操权倾朝野，急需招揽人才，便召司马懿出来做官。司马懿看出汉朝已国运衰微，朝政大权已落入曹操之手。他是大士族的后裔，而曹操乃宦官的后代，他不欲屈节曹氏，便以患风病不能起居为由，拒绝应召。

曹操马上怀疑司马懿是借口推辞，对己不敬。为此，曹操派人扮作刺客前去查验。一天深夜，刺客悄悄潜入司马懿的卧室，暗中观察，见司马懿果然直挺挺地躺在床上。刺客仍不放心，挥刀向司马懿劈去。刺客暗想，司马懿如果是装病，见到利刀夺命，一定会匆忙招架。可是，司马懿只是睁开眼睛瞅了瞅刺客，身子仍然像僵尸一样一动未动。刺客这才信以为真，收起佩刀，回去向曹操禀报。

其实，司马懿在刺客潜入卧室时就已察觉，并且猜到是曹操派来打探其病况的。他十分清楚，如不露马脚，定会安然无恙；若露出破绽，必然死在刺客刀下。所以，司马懿将计就计，演出了这场惊险剧。

俗话说："伴君如伴虎。"有时候光是注意措辞还不够，还必须要头脑灵活。在应付突发事件时，要有随机应变的能力。凡居上位者都带有一定的傲气和霸气，有人将其形象地比喻为"老虎的屁股——摸不得"。但话说回来："智者千虑，必有一失。"人总有疏忽的时候，若不慎触怒了居上位者，真摸了"老虎的屁股"，就该设法予以补救。

西汉初年，刘邦把韩信召进宫中闲谈，要他当面评论一下朝中将领的才能。韩信一一说了，但那些人显然都难以入韩信这位军事大家的法眼。刘邦听完了他的评论，便笑着问他："依你看来，像我这样的人能带多少人马？"韩信随口道："陛下能带十万。"刘邦又问："那你呢？"韩信傲然说："我多多益善！"刘邦心里不快，就质问他："你带兵多多益善，怎么为我所用呢？"韩信这才知道自己说错了话，忙掩饰说："陛下虽然带兵不多，但您‘善将将’，所以我们才能为你所用！”刘邦一听这话，心里顿时舒坦了许多，也就不再计较韩信的失言了。

虽然韩信后来死于非命与他功高震主、不知收敛有很大关系，但在这里，韩信给刘邦戴上“善将将”这顶高帽子，确实体现了他的应变之才。

东汉末年，西凉刺史董卓乘朝野之乱，统率二十万大军进驻洛阳，废少帝，立献帝，自封为相国，从此把持朝政。他欺主弄权，作威作福，残暴凶狠，大臣们都想除掉他，却苦于没有办法。骁骑校尉曹操有心暗杀董卓，他经常出入相国府，渐渐取得了董卓的信任。

一日，曹操从王司徒处借来一把七星宝刀，藏刀于身来到相府，走入小阁，见董卓坐在床上，义子吕布侍立于一侧。

董卓问：“孟德今天为何来得这么晚？”

曹操说：“我的马走不快，所以迟了。”

董卓听后，命吕布去挑选一匹西凉好马送给曹操，吕布领命出去了。曹操心想：这老贼死期到了。想刺他，又怕董卓力大，没敢妄动，只好站在一旁等待机会。

董卓身体肥胖，不能久坐，不一会儿，即侧身而卧。曹操见他躺下，心想机会来了，急忙抽刀欲刺。不想董卓从铜镜内看见曹操抽刀，转身急问：“孟德你要干什么？”

这时吕布也牵马回来了，曹操心中慌乱，心想：我命休矣。眼看就要大祸临头，曹操突然灵机一动，想到一个脱身之法，于是持刀跪下说：“我得了一把宝刀，想要献给相国。”

董卓接刀一看，长足盈尺，锋利无比，果然是宝刀。

接着，曹操以试马为理由，牵着马出了相府，赶紧快马加鞭往东南疾去。

吕布对董卓说：“曹操好像有行刺之举。”董卓这才醒悟，马上派人去追。但曹操已经骑马奔出东门，逃得无影无踪了。

曹操不愧是一代枭雄，不但勇略过人，而且机变无双。行刺失败，本是必死之局，但他能急中生智，让自己金蝉脱壳。可见，只有灵活变通才能解开死结，让自己绝处逢生。很多人或许觉得，所谓应变之才只是在耍小聪明，其实不然，正是有了那些善于应变的杰出人士，才演绎出纵横捭阖的历史。

居安思危，有备无患

夫存不忘亡，安必虑危，古之善教。

——（西晋）陈寿《三国志》

【译文】

在活着的时候不忘掉危亡，在安全的时候能想到危机，这是前辈留存下来的好的教义。

【解读】

此话是孙权所说，意在告诫人们，即使在安稳、兴盛的时期，也不能忘记可能面临的危险和衰落。

在清朝末年，中国面临着前所未有的变局。尽管当时的社会表面上维持着一种相对安稳的秩序，但许多有识之士已经敏锐地察觉到了潜在的危机。

其中，有一位名叫康有为的学者和改革者，他深感国家正处于风雨飘摇之中。尽管当时的中国还沉浸在“天朝上国”的迷梦中，但康有为已经看到了西方列强的强大和先进，以及他们对中国可能构成的威胁。

康有为积极倡导变法维新，希望通过改革来增强国家的实力，应对外来的挑战。他提出了许多具有前瞻性的建议和措施，包括学习西方的科学技术、改革教育制度、发展工商业等。

然而，他的改革主张并没有立即得到广泛的支持和采纳。许多人仍然固守着传统的观念和制度，对变法持怀疑和反对的态度。

但康有为并没有因此放弃。他坚信，只有不断改革和进步，才能确保国家的安全和繁荣。他继续坚持自己的主张，并通过各种途径宣传和推广变法的思想。

最终，康有为的努力虽然没有立即改变国家的命运，但他的思想和主张对后来的历史产生了深远的影响。他的“存不忘亡，安必虑危”的理念，激发了更多有识之士的觉醒和行动，为中国的近代化进程奠定了基础。

无论是在古代还是现代，无论是个人还是国家，我们都应该时刻保持警觉，不忘潜在的危机。只有这样，我们才能在面对挑战时从容应对，确保个人和国家的安全与发展。

小患不防，大祸难挡

凡理大小事务，皆当一体留心。古人所谓“防微杜渐”者，以事虽小而不防之，则必渐大；渐而不杜，必至于不可杜也。

——（清）康熙《庭训格言》

【译文】

凡是处理大事小事，都应当一样地留心。古人说的“防微杜渐”，在于事情虽小，如果没有及时地防备制止，就必然会发展成大问题；如果在萌芽时没有严加杜绝的话，就会发展到无法杜绝的程度。

【解读】

扁鹊是春秋战国时期的一位名医，他有着高超的医术和敏锐的洞察力。有一次，他见到了蔡国的君主桓公，经过观察后，扁鹊发现桓公的身体有些小恙，但桓公自己并没有察觉到。扁鹊出于医者的责任，便告诉桓公他的病情，并建议他及早治疗，以防病情恶化。

然而，桓公并不相信扁鹊的话，认为自己身体强健，没有任何不适，因此拒绝了扁鹊的治疗建议。扁鹊离开后，桓公对身边的人说："医生总是喜欢给没有病的人治病，以此来显示自己的医术。"

过了十天，扁鹊再次见到桓公，发现他的病情已经有所加重，便再次劝诫他治疗。但桓公依然不听，认为扁鹊是在危言耸听。随着时间的推移，桓公的病情逐渐恶化，等到他感到身体不适时，已经错过了最佳的治疗时机。最终，桓公因病重不治而亡。

桓公因为没有及早防范小病，最终导致病情恶化，无法挽回。扁鹊的多次提醒和劝诫，体现了"防微杜渐"的思想。如果桓公能够听取扁鹊的建议，及早治疗，或许就能够避免悲剧的发生。

对于任何小的问题或隐患，我们都应该给予足够的重视和关注，及时采取措施加以解决。只有这样，才能避免问题逐渐扩大，造成更大的损失。

巧抓战机，决胜千里

智者从之而不释，巧者一决而不犹豫。

——（商末周初）姜子牙《六韬》

【译文】

聪明的人善于抓住机遇不放弃，心灵手巧的人有了决断便决不迟疑不决。

【解读】

秦国的杰出将领白起，以其卓越的军事才能和果断的决策闻名于世。有一次，秦国与赵国在长平展开了一场激战。赵国派出了名将廉颇领兵，而秦国则是由白起担任主将。

战争初期，双方势均力敌，难分高下。然而，随着时间的推移，赵国的粮食供应出现了问题，军队的士气也逐渐低落。白起敏锐地察觉到了这一点，他决定利用赵国的困境，发动一次决定性的攻击。

在战前会议上，白起分析了敌我双方的形势，并果断地提出了自己的战略计划。他主张集中兵力，一举击溃赵军的主力。然而，这一计划遭到了一些将领的质疑，他们认为这样做风险太大，应该采取更为稳妥的策略。

面对质疑，白起没有过多的解释，他只是坚定地说："战机稍纵即逝，我们必须果断行动。我有信心能够一举击败赵军。"说完，他便下令全军整备，准备发起攻击。

在白起的果断指挥下，秦军发起了猛烈的进攻。赵军由于粮食短缺和士气低落，很快便败下阵来。白起抓住战机，指挥秦军一路追击，最终大获全胜，俘虏了大量的赵军士兵。

白起在面对质疑和困难时，没有动摇自己的信念，而是坚定地执行自己的计划。这种坚定的信念和决心是我们在追求目标时必不可少的品质。只有当我们对自己的选择充满信心，并为之付出努力时，才能克服困难，实现目标。同时，我们在生活中也应该时刻保持警觉，善于发现和抓住机遇。机遇往往只青睐那些有准备的人，我们只有不断提升自己的能力和素质，才能在机遇来临时迅速把握并取得成功。

天下虽安，忘战必危

故国虽大，好战必亡；天下虽安，忘战必危。天下既平，天子大恺，春蒐秋狝。诸侯春振旅，秋治兵，所以不忘战也。

——（春秋）田穰苴《司马法》

【译文】

因此，国家虽然强盛，但过度好战就会走向灭亡；天下虽然安定，但忘记战争也会有危险。即使天下已经安定了，天子举国欢庆，春、秋两季时也要用田猎来训练士兵。诸侯要在春季时整顿军队，秋季发起实战演习，这些都表示没有忘记战争。

【解读】

晋楚城濮之战发生在春秋时期，是晋国和楚国两个大国之间的一次重要战役。晋文公继位后，励精图治，国力日渐强盛，而楚国则是南方的霸主，两国之间的冲突逐渐升级。

在这场战役前，楚国联合了一些小国对晋国发动进攻。晋文公在分析了形势后，决定采取退避的策略，以避免与楚军正面交锋。他命令军队撤退九十里，驻军于城濮。这一举动在外界看来似乎是示弱，但实际上却是晋文公精心策划的战略。

晋文公明白，即使晋国国力强盛，也不能轻易发起战争。好战必然导致国家的衰败和灭亡。同时，他也深知即使天下看似平静，也不能忘记战争的威胁。因此，他选择退避三舍，既是为了避免不必要的冲突，也是为了在更合适的时机和地点与楚军交战。

在城濮驻军期间，晋文公积极整顿军队，加强训练，提高士气。同时，他还与齐国、秦国等国家建立了联盟，共同对抗楚国。这些准备工作为晋军在后来的战斗中取得胜利奠定了坚实的基础。

当楚军得知晋军撤退后，认为晋军是胆怯逃跑，于是骄傲轻敌地追击而来。晋文公抓住这一有利时机，利用地形和兵力优势，精心策划了一场反击战。在战斗中，晋军将士奋勇杀敌，最终取得了辉煌的胜利。

这场战役的胜利不仅展示了晋文公的军事才能和战略眼光，也体现了他对于战争与和平、策略与伦理的深刻理解。他通过退避三舍、积极备战和精心策划，成功地将一场可能引发大规模冲突的战争化解为一场局部的胜利。这不仅为晋国赢得了荣誉和利益，也为整个春秋时期的和平稳定做出了贡献。

一个国家在处理国际关系时，应该保持冷静和理智，既要有应对战争的准备和能力，也要注重和平合作和共同发展。只有这样，才能在复杂的国际环境中立于不败之地。同时，这也提醒我们，无论个人还是国家，都不能忘记历史的教训和警示，要时刻保持警惕和敬畏之心。

第六章

运筹帷幄：未雨绸缪，算无遗策

虽然说亡羊补牢，犹未迟也，但更聪明的人懂得在羊丢失之前做好防范准备。未雨绸缪，防患于未然的思想在中国可以说是源远流长，其道理也是不言而喻。做事之前提前想好出现问题时的补救措施，这样在危险突然降临时就不至于手忙脚乱，才能让自己化险为夷，走向成功。

困兽犹斗，况人乎

吴败楚师于柏举，追及清发，将击之。阖闾之弟夫概王曰：“困兽犹斗，况人乎？若知不免而致死，必败我。若使先济者知免，后者慕之，蔑有斗心矣，半济而后可击也。”从之，大败楚人，五战及郢。

——（明）冯梦龙《智囊》

【译文】

吴王阖闾大败楚军于柏举，吴军追赶到清发的时候，阖闾本想一举消灭剩下的楚军，阖闾的弟弟夫概王却说：“为了活命，被围困的野兽都要拼死一战，更何况是人呢？倘若楚军得知自己只有死路一条，那么他们必然会奋勇迎战，可能还会打败我们。倘若让先过河的人幸免于难，那么没过河的人一定非常羡慕过了河的人，便没有了放手一搏的勇气，待他们过河过到一半时，我军便可以发起攻击了。”吴王听了夫概王的建议，结果大败楚军，只打了五战就打到了楚国的首都。

【解读】

《孙子兵法》中写道：“陷之死地然后生。”意思是说，把士兵们投入非常危险的境地，他们就可能起死回生。所以，在战争中，谁能激发战士们的决死之心，从而让战士们团结一致，勇往直前，谁就能取得最后的胜利。

楚汉战争时，韩信率兵数万越过太行山，前去攻打附属于项羽的赵国。赵王和大将陈余集中二十万兵力，占据了太行山以东的咽喉要地，准备迎战。韩信去赵国的路上，有一条必经之路，这是一条长约百里的山路，道路非常狭窄。赵军谋士李左车建议陈余只守不战，并派兵绕到后面切断韩信的粮道，想把韩信困死在这条小道上。但陈余不听，他仗着兵力优势，坚持要与汉军正面交战。

韩信了解到这一情况后非常高兴，他命令部队在离井陉口三十里的地方安营。到了天明，韩信率军发动进攻，双方展开激战。不一会儿，汉军假意败回水边阵地，赵军全部离开营地，前来追击。这时，韩信命令主力部队出击，背水结阵的士兵因为没有退路，也回身猛扑敌军。赵军久攻不下，士气开始回落，而汉军由于退路被断，只能拼死战斗。最终，汉军大破赵军，陈馀被杀，赵王也被活捉。

战后，将士们向韩信请教，背水结阵乃兵家大忌，将军明知故犯，为什么却获得大胜。韩信笑着回答："这就是兵法中所说的陷之死地而后生，置之亡地而后存啊。"他通过背水一战，成功地将士兵置于死地，从而激发了他们的求生欲望和战斗力，最终取得了胜利。

我们在面临困境时，要敢于挑战自我，勇于突破极限，努力寻找解决问题的办法，这样才能在人生的道路上不断前行并取得成功。

善用兵者，使之无所顾，有所恃

善用兵者，使之无所顾，有所恃。无所顾，则知死之不足惜；有所恃，则知不至于必败。

——（宋）苏洵《权书》

【译文】

擅长用兵作战的人，应当使战士们毫无顾忌但有依靠的地方。战士们毫无顾忌，便知道死了也没什么可惜；有依靠的地方，便知道不至于必定失败。

【解读】

这句话强调领导者在指挥作战时的责任和能力，以及士兵在战争中的心理状态和信心的重要性。一个善于用兵作战的领导者应该为他的士兵创造一个无所畏惧、有所依靠的战斗环境。

首先，士兵们需要感到领导者是可靠的，这样，士兵们就会感到安心和自信，不会担心失败或者被抛弃。当士兵们没有后顾之忧时，他们会更加勇敢和果断地去实现更大的目标和更高的价值。

其次，士兵们需要感到他们是一个整体，他们的行动是相互支持的，而不是孤立的。无论战斗多么艰难，他们都有一个可以信赖的力量支持他们。即使面临困难，他们也能够相互协作，最终取得胜利。

知己知彼，百战不殆

凡兵之动，知敌之主，知敌之将，而后可以动于险。

——（宋）苏洵《权书》

【译文】

大凡发动军队，应当了解敌人的君主，了解敌人的将领，然后才可以在危险之处发起进攻。

【解读】

无论是企业还是个人，真正的赢者，是善于侦查、衡量对方和自身能力的人。而在战争中，也只有知己知彼，了解敌方动态，逐个击破之后才能百战不殆。

唐王朝开国之初，东突厥屡犯中原，李渊准备迁都，李世民反对，请兵讨伐。

东突厥颉利、突利二可汗率兵袭扰关中，李世民率兵至泾阳一带与其对阵，东突厥骑兵数以万计，唐军不过数百，无疑以卵击石。

阵前对峙，李世民对颉利可汗道："我与你们可汗结盟，今日为何犯我？若你们可汗真有本事，可与我一人决战，若派兵攻打，我百名将士将誓死对抗，绝不后退。"

颉利见李世民镇威，恐有埋伏，一时不敢进攻。

李世民派使者问突利："曾经你我有约，如今出兵袭扰，为何不守信用？"

突厥自知有愧，一时无言以对，颉利见李世民如此胆大，唐使者对突利的质问让他怀疑突利可能与李世民私下有联系，便下令后撤，暂缓行动。

阴雨绵绵，唐军粮食受阻，士兵疲惫，士气低落，而相持之下，突厥军弓箭受潮，士气也很低落，李世民决定突袭东突厥，然突袭击退后，并不乘胜追击。

国之初，不宜恋战，百姓尚未富足，应当休养生息，随后派人与突利可汗表明友好之意。一月后，李世民与颉利歃血为盟，并赠予大量金箔，颉利率军北撤。

咸丰十年（1860年），英法联军入侵中国，北京西郊海淀谢庄村猎户冯三保集结其他猎户共同抵抗英法联军。

冯三保设下埋伏，侵略军进入埋伏区，猎枪枪声响起，敌人被打退定不会善罢甘休，冯三保女儿冯婉贞分析敌我情况："敌人善用枪，我们可以用武术攻之。"

此言听起来滑稽，但在树林中，这便是优势。百余人躲在树干后，待敌人推着笨重的枪炮来临时，他们以灵活的身手上蹿下跳隐蔽在树林之中，趁敌人不注意之时，将敌人一一刺杀。战争持续到黄昏时，敌军被刺杀百余人，夜晚，侵略军更不便作战，于是仓皇而逃。

所谓的深思熟虑不过是经过调查分析的结果，只有经过敌我的分析比较，知己知彼，才能做到心中有数，从而达到取胜的目的。

义可以怒士，士以义怒，可与百战

凡兵上义；不义，虽利勿动。非一动之为利害，而他日将有所不可措手足也。夫惟义可以怒士，士以义怒，可与百战。

——（宋）苏洵《权书》

【译文】

军事推崇正义。倘若不符合正义，即便能得到利益也不可以行动。并不是一动就会有害处，而是因为以后将发生无法应对的事情。只有正义可以激励发愤军队的士气，以正义激励发愤军队的士气，便能够投入所有的战斗。

【解读】

这段话强调战争和军事行动要以正义为基础，而不是仅仅追求利益。《荀子·议兵》中写道："仁者之兵，所存者神，所过者化，若时雨之降，莫不说喜。"大意是：仁义之师，主持正义，维护和平，所到之处犹如春风化雨，滋润万物，人人喜欢，个个爱戴。所以，在军事行动中，正义应该放在首位。

牧野之战是周武王联军与商朝军队在牧野进行的决战。由于商纣王先征西北的黎族，军队已经极为疲惫，再加上内部纷争，最终被周武王联军击败。

在这场战役中，周武王联军以正义之师，讨伐暴君商纣王，顺应了天意和民心，因此取得了胜利。可见，正义在军事行动中的重要性，只有符合正义的行动才能激发士兵的斗志和勇气，最终取得战争的胜利。

处变不惊，笑看云起

泰山崩于前而色不变，麋鹿兴于左而目不瞬，然后可以制利害，可以待敌。

——（宋）苏洵《权书》

【译文】

泰山崩塌于眼前而面色不改，麋鹿奔跑于身边而眼睛不眨。然后才可以掌控好利害因素，才可以对付前来进攻的敌人。

【解读】

作为一个领导者，不仅要有敏锐的洞察能力，还要有客观的判断能力，遇事冷静，处变不惊地面对一切变化，及时采取有效的应对措施。

周显王十六年（前353年），齐国军队兵分两路，一路与宋国景敌、卫国公孙仓所率部队会合，一起围攻魏国的襄陵；一路由田忌、孙膑率领直接救援赵国，田忌为主将，孙膑为军师。

此时，魏军主力已攻破赵国邯郸，庞涓率军八万抵达茬丘，欲攻打卫国。齐国田忌、孙膑率兵八万抵达齐、魏边境。

田忌打算与魏军主力直接交战，孙膑拒之。孙膑分析：魏国久战于赵国，主力消耗很大，国内防务空虚，应当采用声东击西的战术，围魏救赵——直逼魏国大梁迫使魏国撤军，魏国只要一撤军，赵国自然就解围了。

孙膑于是建议田忌先南下佯装攻打魏国的平陵。因为平陵城池虽小，但人多兵强，是东阳地区的要塞之地，因此难以攻克；再者，平陵之南是宋国，平陵之北是卫国，进军途中必经过市丘，粮草易被截断。这样一来，就能迷惑魏军，让庞涓以为齐军无能。

田忌听从孙膑的计谋，拔营向平陵进军。抵达平陵边境，孙膑建议田忌由临淄、高唐两城的都大夫率军向平陵发动攻击来吸引魏军主力，不出所料，攻打平陵大败。

孙膑让田忌一面佯装派出轻装战车，直逼魏国大梁城郊，此举激怒了庞涓迫使其率军回援；一面又让田忌派出少数部队佯装与庞涓的部队进行交战，并假意以示弱姿态让庞涓轻敌。

田忌听从孙膑建议，庞涓果真丢掉了辎重，以轻装急行军队昼夜兼程赶回救大梁，此时，孙膑率主力部队在桂陵一带设下埋伏，最终杀死了庞涓。

武德六年（623 年）七月，原投降唐朝的农民起义军将领杜伏威和辅公祏二人不和，辅公祏乘杜伏威入朝之际窃据丹阳，又举兵开始反唐。

高祖任李孝恭为主帅，李靖同时为副帅，率李勣等七总管东去讨伐。辅公祏派大将冯惠亮率三万水师驻守当涂，陈正通亲率二万步骑驻守青林之地，自梁山用铁索横亘长江用以阻断水路。

李孝恭召集诸将商议军事，诸将建议说：“冯惠亮、陈正通手握精锐兵力，是想依据天险固守。我们不如直捣丹阳，掩袭辅公祏巢穴，只要丹阳一旦攻破，冯惠亮等人必会不战而降。”李孝恭听之有理，觉得诸将的意见可行。

李靖却有不同的意见，他分析道："如果我军直捣丹阳，短期内若不能攻下就要滞留在那里，前面的辅公祏尚未平定，后方的冯惠亮又是一大隐患，这样恐怕我们就会腹背受敌，此非万全之计。冯惠亮、陈正通是身经百战的战将，不会畏惧野战，就因为辅公祏立下计谋，命令他们持重防守，不出战拖延时间以使我军疲劳。现在如果我们进攻冯惠亮、陈正通的城栅的话，就可以打他个出其不意，消灭敌人成败在此一举。"

李靖运筹帷幄，并且判断准确，迅速平定了辅公祏的反叛。

掌握先机和主动权，在混乱复杂的局势之中，处变不惊，重在冷静客观地分析局势的发展，尽量避开不利因素，从而取得战争的胜利。

不法古，不修今

圣人之理国也，不法古，不修今，当时而立功，在难而能免。

——（唐）赵蕤《反经》

【译文】

君主不会按照从前的方法治理国家，也不会拘泥于现状。会按照真实情况去建功立业。这样，即使碰到了难题也可以破解。

【解读】

任何事情都不是一成不变的，要以发展变化的眼光来看问题，凡事都不要做得太绝对。好与坏、美与丑，都是相对来说的，正与邪往往相伴相生。现实中，标榜着正道的不一定是正道，一切都要看事实的真相，事件的性质。因此，要有一颗平常心来看待我们在生活中所遇到的各种各样问题，就像陶渊明在《五柳先生传》中说的那样，“不戚戚于贫贱，不汲汲于富贵”。

有一个老人常年居住在边塞的大草原上，他除了在大草原上放养马匹，还极其擅长推测吉凶，当地有许多居民都来向他求神问卜。有一次，他的马无缘无故地跑到了胡人的住地。当时胡人十分野蛮，只要马进入了他们的领土，一般老百姓是不敢去向他们索要的。为此，大家觉得老人丢了马一定十分伤心，便来他住的地方看望他。但那老人并没有很伤心，相反还一脸乐观地对大家说：“这或许也是一种福气。”

又过了几个月，那匹丢失的马居然带着胡人的良马回来了。大家听说这个消息后，觉得老人应该十分高兴，于是都纷纷前来向老人祝贺，但那老人并不是很高兴，相反，还有些淡淡的忧愁，他对大家说：“这或许也是一种灾祸。”

果然不出老人所料，由于他的儿子爱好骑马，结果从胡人的良马上掉了下来，摔断了大腿。人们都前来慰问他，让他不要因为儿子的事情伤心。那老人却说：“这怎么就不能变为一件福事呢？”过了一年，胡人大举入侵边塞，健壮男子都拿起武器去作战。边塞附近的人死了很多。唯独这个老人的儿子因为腿瘸的缘故免于征战，父子俩一同保全了性命。

“祸兮，福之所倚；福兮，祸之所伏”，任何事情都是相互关联的，我们做事情不能只看眼前的利益，而不顾更长远的利益。做人也一样，不可咄咄逼人，不可仗势欺人。

未雨绸缪，算无遗策

谋者皆从事于除患之道，而无使除患无至者。

——（西汉）刘向《战国策》

【译文】

善于谋略的人都将防止灾祸发生的方法看得很重要，要先除掉灾祸使它不会发生。

【解读】

从前，有人养了一圈羊。一天早晨，他发现少了一只羊，仔细一查，原来羊圈破了个窟窿，夜间狼钻进来，把羊叼走了一只。邻居劝他说："赶快把羊圈修一修，堵上窟窿吧！"那个人不肯接受劝告，回答说："羊已经丢了，还修羊圈干什么？"第二天早上，他发现羊又少了一只。原来，狼又从窟窿中钻进来，叼走了一只羊。他很后悔自己没有听从邻居的劝告，便赶快堵上窟窿，修好了羊圈。从此，狼再也不能钻进羊圈叼羊了。

羊丢了再去补牢，虽然不能挽回已经失去的羊，但能防止剩下的羊丢失。"亡羊补牢"的意思是事情发生错误以后，如果赶紧去挽救，还不算迟。但其实更明智的做法是"未雨绸缪"，在错误将要发生之前就发现并解决，这才是最正确的解决方式。

三国时期，刘备和诸葛亮"借"了荆州后，毫无归还之意，吴国一时间也毫无办法。后来，周瑜听说刘备丧偶，便对孙权说："刘备刚刚丧偶，我们可以以联姻抗曹的名义向刘备招亲，把他骗到我们这里幽禁起来，逼他们拿荆州来换。”孙权听取了这个计策。

诸葛亮看出了周瑜的诡计，就对刘备说："您尽管答应这门婚事，其他事包在我身上。我这里有三个锦囊，里面有三条妙计，让赵云陪您前去，到时候依计行事。”

刘备一行人来到东吴，茫然不知如何行事，于是赵云打开第一个锦囊。按照计策，赵云派人大肆宣传刘备入赘东吴的事。很快，这个消息就传到了吴国太的耳朵里。她找来孙权一问，才知道是孙权为了夺取荆州使的美人计。吴国太火冒三丈，大骂孙权败坏妹妹的名节。

吴国太决定先见见刘备，如果中意他，就成全了这门亲事，刘备也算是一方豪杰，这门亲事不算亏；若不中意他，就任由孙权处置。事已至此，孙权只好听从。哪知吴国太一见刘备仪表非凡，就满意地说："真是我的好女婿啊！”孙权无奈，只好真的把妹妹嫁给了刘备。

周瑜见一计不成，就又生一计。他再次向孙权进言，让他用锦衣玉食的生活把刘备留在东吴，这一招果然奏效。赵云见刘备渐失雄心，就拆开了第二个锦囊。依照计策，赵云骗刘备说曹操带着五十万兵马杀向荆州了。刘备听了赶紧去见孙夫人，孙夫人答应跟他一起走。

赵云和刘备日夜赶路，却被周瑜安排的人马拦住。情况危急，赵云打开第三个锦囊。刘备看了，就向孙夫人哭诉，说东吴招亲实是周瑜和孙权使的美人计，如今孙权、周瑜见势不好，想要杀他。孙夫人非常生气，便亲自出面骂退了追兵。

刘备到达江边，诸葛亮早已带着船队前来接应了。周瑜一直追到了岸边，却被诸葛亮事先安排好的人马打败。周瑜逃回船上，岸上的刘军士兵齐声大喊："周郎妙计安天下，赔了夫人又折兵！”周瑜又一次气得箭伤复发，晕倒在地。

虽然说亡羊补牢，犹未迟也，但更聪明的人懂得在羊丢失之前做好防范准备。诸葛亮算无遗策，不愧是有“智圣”称号的人。他在刘备出发之前，就已经周密地考虑到了刘备到达东吴后可能出现的各种情况，提前想出了对策，因此刘备才可以安然返回荆州。

做事之前想好出现问题时的补救措施，这样在危险突然降临时就不至于手忙脚乱，才能让自己化险为夷，走向成功。

抓住时机，当机立断

圣人不能为时，时至亦弗失。舜虽贤，不遇尧也，不得为天子；汤、武虽贤，不当桀、纣不王。故以舜、汤、武之贤，不遭时不得帝王。

——（西汉）刘向《战国策》

【译文】

品德高尚、智慧的人不能创造时机，时机到来也不会放过。舜即便有德行和才能，倘若没能遇到尧，也不会成为天子；商汤王、周武王即便有德行和才能，倘若没有遇到桀、纣，就不可能成就功业。即便有舜、汤、武那样的德行和才能，没有碰到合适的机遇，也都不会成为帝王。

【解读】

能不能够看到机会是一回事，能不能把握机会又是另一回事。对于古往今来的杰出人士来说，成功的法则就是看到机会来了立即伸手抓住，采取相应的行动，绝不拖延时间。路是人走出来的，越早一步走这条路，成功的目标就越早一天达到。

廖振大学毕业后去了一家房地产公司，从一名销售部的员工做起。两年后，公司高层看廖振工作还算踏实，就给他升了职，让他做一个新楼盘的销售部主管。

在房地产行业，素来有“金九银十”的说法。每年的九月和十月都是楼盘销售的黄金时期，所以公司非常看重这个机会。为了避免错失良机，公司派人督促廖振早点做足准备，让他在这两个月里拿出成绩来。

但是，廖振接受这个任务后没有立即着手去做。他觉得“现在整个房地产界都不景气，我急着做出销售方案恐怕也没什么用，还是先等上一段时间，看看其他楼盘的做法再说吧”。有了这样的想法后，廖振心安理得地拖延起了工作，没有理会公司的催促。

当廖振还在慢悠悠地观望时，公司的竞争对手们却争分夺秒地展开了各种各样的销售活动。他们有的在当地各大媒体做起了广告，有的给出了让人心动的价格调整，有的免费接送潜在的顾客参观楼盘。

后来，廖振看到其他楼盘的销售情况十分火爆，这才开始准备动手大干一场，但他已经错过了最佳的时机，拖延让他付出了沉重的代价，他负责的楼盘销售情况惨不忍睹。事后，他因执行不力而接到了公司的解聘书。

智者在做事之前，都会预先做好准备，假如事到临头，才开始考虑解决的办法，就会陷入被动。另一方面，当形势尚未成熟或自己能力确实不足的时候，就应知难而退，没必要冒险而进。正所谓：“觉迷途之未远，知来日之可追。”还不具备穿越险境的能力和素质时，退回来也许是最好的办法。退回来之后，努力加强自身各方面的建设，把自己锻炼得足够强大，然后耐心观察，等待机会的来临。

清朝的康熙皇帝就深明此理，在自己还软弱没有把握的时候，就只是装作懵懂顽童，任由鳌拜把持朝政，处理国家大事。等时机成熟，就一举消灭鳌拜，夺回了政权。反之，如果康熙一开始就向鳌拜要权，恐怕早就身遭不测了。

机遇来去飞快，如白驹过隙，忽然而已；机遇行踪飘忽，如天马行空，无迹可寻。机遇是世界上最让人难以捉摸的东西，它来时不会提醒你，去时也不会通知你。正因为机遇可遇而不可求，所以一旦机遇来临，就一定要果断出手，猛出狠手，否则就有可能抱憾终生。

结而无隙，同舟共济

计谋之用，公不如私，私不如结，结而无隙者也。正不如奇，奇流而不止者也。故说人主者，必与之言奇；说人臣者，必与之言私。

——（战国）鬼谷子《鬼谷子》

【译文】

运用计谋，公开谋划不如私下密谋，私下密谋不如结为同盟，结为同盟就可以亲密无间。运用计谋，常规策略不如奇谋，施以奇谋就像流水一样，不可阻止。所以向人君游说的人，必须先谈论奇策；同理，向人臣游说时，必须先进行私交。

【解读】

两个志同道合的人很容易成为朋友，即使之前有什么恩怨，在共同的立场上也很容易化解开来。

战国时期，廉颇是赵国的名将，他曾屡立战功，官封上卿大将军。蔺相如出身低微，后因出使秦国，勇敢机智地保护了“和氏璧”，把宝玉完好地送回赵国，立了大功，被封为上大夫。渑池之会后，赵王又拜蔺相如为相国，位居上卿，比廉颇的官衔还要高一点。

看着蔺相如高升，廉颇心里很不服气，对人说：“我是老资格的大将军，为国家征战沙场，出生入死，功勋卓著。蔺相如出身低贱，只凭着一张嘴巴，居然爬到我头上来了！”并且扬言：“如果见到了蔺相如，我一定要把他羞辱一番！”

蔺相如听到这话，就经常留心，避免同廉颇会面。每逢朝会的时候，蔺相如常常托病请假，不去跟廉颇争地位名次排列的先后。

有一次蔺相如外出，远远望见廉颇的车驾，他连忙叫手下的人改走便道避开去。蔺相如的门客对这种情况愤愤不平。他们对蔺相如说："您和廉将军同样是上卿的大官，廉颇公然口出恶言侮辱您，而您这样害怕他，连普通人都不能忍受这样的侮辱啊！"

蔺相如听了，心平气和地说："依你们看来，是廉将军厉害，还是秦王厉害？"

门客们说："当然是秦王厉害。"

蔺相如说："秦王这么威焰万丈，我却在朝堂上斥责他，侮辱他的臣子们，难道我就单独害怕廉将军吗？不过我想，强暴的秦国之所以不敢对赵国用兵，正是因为有廉将军和我两个人在啊，如果两只老虎争斗起来，那情势发展下去，一定不能一起生存，这正合秦国的心意，我对廉将军一再退让，正是以国家利益为重，把私人恩怨抛在脑后啊！"

后来，廉颇听到这些话，非常惭愧，他为自己以往的狂妄而感到羞耻。于是就袒露身体背着荆条，亲自到蔺相如家谢罪，请蔺相如用荆条狠狠鞭打自己。蔺相如听说廉颇要来，连忙热情地出来迎接，两人从此誓同生死，成为挚友。

"将相和"的故事在我国家喻户晓。蔺相如面对不可一世的秦王却毫无惧色，完全把自己的生死置之度外；而面对盛气凌人的廉颇，则为顾全大局，理智地选择了忍让。因为他清楚地知道，盟友间的不和会给敌人带来可乘之机，给自己招来灭亡的命运。当然，老将廉颇先矜后晦，"负荆请罪"，其胸怀之坦荡也同样令人敬仰。如果天下的同盟者都有蔺、廉二人这样的胸怀，又何愁不能同舟共济，共创一片天地？

事豫则立，不豫则废

凡事豫则立，不豫则废。言前定则不跲，事前定则不困，行前定则不疚，道前定则不穷。

——（春秋）子思《中庸》

【译文】

任何事情，事先有预备就会成功，没有预备就会失败。说话先有预备，就不会中断；做事先有预备，就不会受挫；行为先有预备，就不会后悔；道路预先选定，就不会走投无路。

【解读】

不管是在生活中还是在工作中，处处需要计划。无论是国家、集体还是个人，每时每刻都需要计划，都在实施着计划。有计划，可以让事情做得更好；无计划，则容易失去方向。

周安王十三年（前389年），秦国调集五十万大军进攻秦国东进道路上的重要城邑——阴晋。秦军在阴晋城外布下层层营垒，魏国边陲形势危急。

魏国在河西有一队精锐，由郡守吴起带领。西河郡守吴起为了使军队保持高昂的士气，请国君魏武侯来给将士们举行庆功宴会。他是这样安排的：立上功者坐前排，使用金、银、铜等贵重餐具，猪、牛、羊三牲皆全；立次功者坐中排，贵重餐具适当减少；无功者坐后排，不得用贵重餐具。

他按照功劳大小安排了三个层次，使得将士们感到公平公正。宴会结束后，他在大门外论功赏赐有功者家属。对死难将士家属，每年都派使者慰问，赏赐他们的父母，以示国家不忘怀这些有功劳的人。此法令一直延续了三年，当秦军进攻的时候，魏军立即有数万士兵不待命令自行穿戴甲胄，要求作战。

面对秦军大规模进攻，吴起请魏武侯派五万名没有立过功的人作为步兵，由自己亲自率领，反击秦军。武侯同意，并加派战车五百乘、骑兵三千人。吴起安排好士兵后，在战前一天，又向三军发布命令说："所有士兵都要听从上级的命令去和敌人战斗，无论车兵、骑兵和步兵，如果车兵不能缴获敌人的战车，骑兵不能俘获敌人的骑兵，步兵不能俘获敌人的步兵，即使打败敌人，都不算是有功劳。"然后，吴起率领魏军在阴晋向秦军发起反击。这一天，魏军人虽少，却个个奋勇杀敌，以一当十。魏军经反复冲杀，将五十万秦军打得大败，取得了辉煌战果。

吴起在战前考虑到士气，在战争中身先士卒，连战后的安抚工作都安排得十分细致。种种行动有条不紊，准备得详细充分，虽然双方兵力悬殊，但是这对兵力处于弱势地位的魏国来说，是一场有准备的战争，他们有胜利的理由。

在《孙子兵法》作战篇中，孙子这样说："凡用兵之法，驰车千驷，革车千乘，带甲十万，千里馈粮；则内外之费，宾客之用，胶漆之材，车甲之奉，日费千金，然后十万之师举矣。"意思是：凡是要兴兵打仗，一般的规律就是要出动战车千辆，辎重车千辆，军队十万人，还要运粮千里；这样一来，前方后方的花费，外交使节往来需要的开支，物资的不断供应，武器装备的补充保养，每天都会耗费巨额资金，大军才能够出动。

孙子在这里又一次清楚地表达了他的慎战思想：不打没有把握的仗。

在现实生活中，只有把准备做好，才能成就大事，否则心中有所迟疑，怎么能拿出一往无前的气势呢？

兵不顿而利可全

故善用兵者，屈人之兵而非战也，拔人之城而非攻也，毁人之国而非久也，必以全争于天下，故兵不顿而利可全，此谋攻之法也。

——（春秋）孙武《孙子兵法》

【译文】

所以善用兵者，不通过打仗就使敌人屈服，不通过攻城就使敌城投降，摧毁敌国不需长期作战，一定要用“全胜”的策略争胜于天下，从而既不使国力兵力受挫，又获得了全面胜利的利益。这就是谋攻的方法。

【解读】

两方在竞争的过程中，应该根据对手的弱点，进行有针对性的竞争，不能盲目动手，否则只会适得其反，甚至会事倍功半。

高后吕雉四年（前 184 年）五月，太后关闭对南越的关市，禁止铁器输出，以此限制南越地方势力增长，南越王赵佗不满，便自称南越武帝，公然与汉朝分庭抗礼。

高后七年（前 181 年）九月，朝廷派兵讨伐南越国，因路途遥远，暑热潮湿，士卒病倒，汉军无力翻越五岭，一年后无功而返。

高后去世，文帝即位。

汉文帝分析，汉朝国力不足以武力征服南越，于是采用恩威并重的方式。首先在赵佗父母坟墓前设官员守卫，如期祭祀，征招赵佗兄弟，给予高官厚禄，而后书信于赵佗：“朕本为庶出，流放于荒野之外，路途遥远，不曾书信。高皇帝逝世，吕氏家族趁机作乱，幸在集群臣之力将吕氏诛灭，前闻大王书信要求接兄弟而返，又请求撤回增援长沙的两军，朕已吩咐，朕欲重划边界，五岭以南由大王自行治理，愿双方摒弃前嫌，重修于好。”

赵佗看后，感激涕零，臣服大唐，南越从此太平。

唐玄宗时，渤海国使者身带国书到长安，命翰林学士宣读番书时，发现番书上全是年兽文字，翰林学士一字不识，文武百官中也无人识得。

李白听闻后，告知翰林学士自身识得番文，翰林学士引荐至宫中，李白念番书：“渤海国大可毒书达唐朝官家。自你占了高丽，与俺国逼近，边兵屡屡侵犯吾界，想出自宫家之意。俺如今不可耐者，差官来讲，可将高丽一百七十六城让与俺国，俺有好物事相送。大白山之芜，南海之昆布，栅城之鼓，扶件之鹿，郭颌之永，率宾之马，沃州之绵，循沦河之鲫，丸都之李，乐游之梨，你官家都有分。若还不肯，俺起兵来厮杀，且看那家胜败！”

这是一份战书，唐玄宗不悦，问文武百官：“番人要兴兵抢占高丽，卿等有何对策。”

文武百官缄口不答，又问李白：“如何回复番使？”

李白说：“明日相见，当面回答他。”

次日，李白酒醉而来，大挥毛笔念道：“大唐开元皇帝，诏谕渤海可毒，向昔石卵不敌。蛇龙不斗。本翰应运开天，抚有四海，将勇卒精，甲坚兵锐。颌利背盟而被擒，弄赞铸鹅而纳誓；新罗奏织锦之颂，天竺致能言之鸟，波斯献捕鼠之蛇，拂菻进曳马之狗；白鹦鹉来自坷陵，夜光珠贡于林邑；骨利于有名马之纳，泥婆罗有良醉之献。无非畏威怀德，买静求安。高丽拒命，天讨再加，传世九百，一朝殆灭，岂非边天之咎徽，衡大之明鉴与！况尔海外小邦，高丽附国，比之中国，不过一郡，士马刍粮，万分不及。若螳怒是逞，鹅骄不逊，天兵一下，千里流血，君同频利之俘，国为高丽之续。方今圣度汪洋，恕尔狂悖，急宜悔祸，勤修岁事，毋取诛俗，为四夷笑。尔其三思哉！故谕。”

番使大惊，将大唐国书带回，国王惊叹，归顺大唐王朝。

蒙着眼睛四处发力，力尽人疲，却没击中要害，无疑是徒劳一场。无论是在如今的商战还是在战争中，都需要更多的观察与思考，找到对方的弱点，集中发力，一举击败对方，从而让自己占于上风。

重为轻根，静为躁君

重为轻根，静为躁君。是以圣人终日行不离辎重，虽有荣观，燕处超然。奈何万乘之主，而以身轻天下？轻则失本，躁则失君。

——（春秋）老子《道德经》

【译文】

厚重是轻浮的根本，沉静是狂躁的主宰。所以圣人整日在外面行走，不离开他代步的工具。虽然有着美好的景致，但是安然处之，超然物外。为什么身为万乘大国的君王，却要轻率浮躁地治理国家呢？轻率就会丧失自己的根基，心浮气躁就会失去自己的掌控权。

【解读】

人生在世，总会遇到各种各样的紧急情况，一个遇事不加慌乱，能够沉得住气的人才是成大器的人。困难还没有降临到自己头上就慌不择路、六神无主，这样的人往往会把事情搞砸。所以，在大难面前，需要临危不惧的人来做首领，镇定自若地带着大家走出困境。

汉明帝永平五年（62 年），班超的哥哥班固接到朝廷的任命，成为校书郎，于是，班超和哥哥及母亲三人一起来到洛阳。因为家中贫寒，他便经常受官府的雇佣，以抄书来糊口，生活非常艰苦。有时候，他也会停止工作，将笔扔置一旁叹息道："作为一个大丈夫，虽没有突出的计谋才略，但总该学学在国外建功立业的傅介子和张骞，他们都已经封侯晋爵，而我又怎么能总是干这笔墨营生呢？"周围的人听了这话都笑他。班超便说道："你们这些凡夫俗子又怎能理解志士仁人的襟怀呢？"

过了很久，明帝有一次问起班固："你的弟弟现在在哪里呢？"班固回答说："舍弟现在在帮官府抄书，并以此所得来供养老母。"明帝听后就任命班超为兰台令史。只是后来，班超因过失而被免官。

永平十六年（73年），奉车都尉窦固带兵去和匈奴打仗，任命班超为假司马，并让他率领一支军队去攻打伊吾。双方士兵在蒲类海展开交战，班超杀死了很多敌人。窦固认为他很有才干，于是便派遣他随幕僚郭恂一起出使西域。

班超到了鄯善国，国王接待他们时候的礼节非常恭敬周到，但不久又莫名其妙地变得疏忽怠慢起来。班超于是对身边跟随的人员说："你们是否有觉察到鄯善国王的态度变得淡漠了呢？我想一定是北匈奴有使者来到这里，才会使他犹豫不决，不知道该服从谁好的缘故。一个头脑清醒的人可以预见到还未发生的事情，更何况现在事实已经明摆着了！"于是班超让随从找来一个服侍汉使的鄯善人，诳骗他说："我已经知道北匈奴的使者来到这里好多天了，他现在住在哪里？"这侍者非常害怕，就将实情全都招认了。

班超于是马上将这个侍从关押起来，然后将一起出使的三十六个人全部召集在一起，与大家一同喝酒。等喝酒欢畅饮时，顺势用话煽动他们说："咱们这些人都一样，身处边地异域，想要通过立功来求得富贵荣华。只是现在的情况有些复杂，北匈奴的使者来了才几天，鄯善国王对我们的态度就变了，不再以礼相待了。如果鄯善国王把我们缚送到北匈奴去，那我们这些人岂不都成了豺狼口中的食物了吗？你们看怎么办？"

大家于是都齐声说道："反正我们现在已处于危亡的境地，是生是死，就全部交由你司马决定吧。"

班超于是接话道："不入虎穴，焉得虎子。现在我们唯一的办法，就是趁今晚用火进攻匈奴使者了。反正他们也不知我们究竟有多少人，一遇到危险之后，肯定会感到很害怕，我们正好可以趁机消灭他们。只要将他们灭了，鄯善国王就会吓破肝胆，我们就大功告成了。"有人提议道："这件事情应当和郭从事商量一下。"班超激动地说："是凶是吉，在于今日一举。郭从事不过是个平庸的文官，如果被他知道这件事情，肯定会被暴露，那么我们便会白白送死，而落下不好的名声，那就称不上是壮士了。"大家于是说："好。"

天才刚刚擦黑，班超就带领兵士奔袭北匈奴使者的住地。那天晚上正好刮起大风，班超让十个人拿着军鼓，隐藏在屋子后面。并与之约定："一见到大火烧起来，就立刻擂鼓呐喊。"剩下的人都带上刀剑弓箭，埋伏在门的两旁。班超亲自顺风点火，见着火之后，前后左右的人便一起擂鼓呼喊。匈奴人果然一片惊慌，四处奔逃。却不想竟然正好落入了班超的圈套中。班超亲手击杀了三人，其他人也杀了北匈奴使者及随从人员三十多人，还有一百多人统统被烧死在房间里。

第二天早上，班超才将这件事情告诉了郭恂。郭恂听后大惊失色，但一会儿脸色又转变了。班超看明白他的心思，便举手对他说："你虽然没有一起行动，但我班超又怎么忍心独占这份功劳呢？"郭恂这才高兴起来。之后，班超将鄯善国王请来，将北匈奴使者的头颅丢给他看，鄯善举国震恐。班超趁机对鄯善国王晓之以理，安抚宽慰他一番之后，接受了鄯善王的儿子作为人质的提议。

班超回去后，将事情向窦固汇报，窦固十分高兴，上书朝廷详细报告了班超的功劳，并请求另外选派使者出使西域。汉明帝对班超的胆识大加赞赏，问道："为什么已经有了像班超这样得力的使臣，却不派遣他，而是要另选别人呢？明明可以提拔班超作军司马，让他继续完成出使的任务的。”

于是，班超再次接受了使命，作为使臣出使西域。窦固想叫他多带些人马，他却说道："我只要带领原来跟从我的三十余人就足够了，如果到时候真的发生意外，身边的人多了反而成了累赘。”当时，广德王刚刚打败了莎车国，正是声威大振、雄霸南道的时候，而北匈奴又派了使者来监护他。

班超这一次西行，首先到达于阗国，广德王的态度十分冷淡。这个国家很迷信神巫，神巫散布谣言说："天神已经发怒了，你们为什么想去归顺汉朝？汉使那里有一匹嘴黑毛黄的好马，你们现在马上把它弄来给我祭祀天神！”广德王听说了这件事情，马上派人向班超索取那匹骏马。班超早已经知道这是阴谋，但仍满口答应献出此马，只不过提出要让神巫亲自来索取。不一会儿神巫就到了，班超立即砍下他的脑袋，亲自送给广德王，然后还就此事责备于他。广德王早就听说班超在鄯善国诛灭匈奴使者的事，因而十分惶恐，便下令攻杀北匈奴的使者，然后归降班超。于是，班超重重赐赏了广德及其臣下，于阗国就这样被安抚镇定了。

可以试想，在生死存亡那一瞬间，班超如果自己六神无主、惊慌失措，那么他手下的士兵会怎样？想必结果一定会反转！所以在遇到问题的时候，我们一定要镇定，想出应对的办法，才能化险为夷。

赏有功，诛有罪

赏有功，诛有罪，此人君之任也。

——（北宋）司马光《资治通鉴》

【译文】

奖赏有功的人，诛灭有罪的人，这是君主肩负的责任。

【解读】

韩愈说："物不平则鸣。"处罚不徇私情是用人者应该一贯坚持的原则。只有做到该赏则赏，该罚则罚，才能实现政治上和管理上的清明和权威。

董宣是东汉时期有名的清官，以不畏强暴闻名。他在做洛阳县令时，光武帝的姐姐湖阳公主的家奴杀了人，一直躲在公主府里，却无人敢将其捉拿归案。董宣知道事情的原委后，拍案而起，立即派出暗哨在公主府周围死蹲硬守。几天后公主乘车出门，那个罪犯也大摇大摆地跟随其后。

董宣得报后立即带人赶到城内的夏兰亭，拦住了公主的车马。公主大怒，喝问道："你是什么东西，敢拦住我的马车抓人，胆子也太大了吧！"

董宣义正词严地说："王子犯法与庶民同罪，何况是你的一个家奴？我身为洛阳县令，就要为洛阳的众百姓做主，决不允许任何罪犯逍遥法外！"董宣一声喝令，洛阳府的吏卒一拥而上，把那个作恶多端、杀害无辜的凶犯从公主车上拖了下来，就地砍了脑袋。

湖阳公主感到自己蒙受了奇耻大辱，她顾不得和董宣争执，掉转车头，直奔皇宫而去。光武帝听到湖阳公主的哭诉后极为恼怒，召来董宣，要用鞭子打死他。

董宣被捉来带上殿后，对光武帝叩头说："请允许我先说一句话，然后再处死我吧！"光武帝怒道："你死到临头了，还有什么话说！"

董宣正气凛然道："陛下您一心想严肃法纪，打击豪强，使江山社稷长治久安，人民安居乐业，没想到今天却糊涂到允许皇亲纵奴杀人的地步！要我死容易，用不着棍棒捶打，我自寻一死就是了。"说完以头撞柱，血流满面。

光武帝忙命人拉住董宣，说："念你一片赤胆忠心，就不治你的罪了。赶快去给公主认错，赔个不是。"董宣理直气壮地说："我没有错，也无礼可赔！这个头不能磕！”侍卫上来强按他的头，董宣强项不屈，硬挺着脖梗子，坚决不让按下去。

湖阳公主问光武帝说：“以前你当老百姓的时候，常常在家里窝藏逃亡的罪犯，根本不把官府放在眼里。现在当了皇帝，怎么反而连个小小的洛阳令也驾驭不了呢？”光武帝笑道：“正因为我当了一国之君，才应该律己从严，严格执法，而不能像过去做平民时那样办事了。”遂赐予董宣“强项令”的美称，饶恕并且重赏了他。

由于光武帝的支持，多少也带点名人效应，董宣把京城治理得井井有条，百姓中流传这样一句话：“桴鼓不鸣董少平。”

俗话说“无规矩不成方圆”，在法律面前应当是人人平等的，正是由于规矩的存在，这个世界才能和谐，社会才能安定。如果赏罚不明，必然不能让人心顺服，那么法律的意义也就不存在了。

夫信者，人君之大宝

夫信者，人君之大宝也。国保于民，民保于信；非信无以使民，非民无以守国。是故古之王者不欺四海，霸者不欺四邻，善为国者不欺其民，善为家者不欺其亲。

——（北宋）司马光《资治通鉴》

【译文】

信誉，是君主最强大的法宝。国家依靠人民来保卫，人民依靠信誉来保护；没有信誉就没有办法让人民服从，没有人民就没有办法守护国家。所以古代有所成就的君王不会欺骗天下人，能够建立霸业的人不会欺骗四方的邻国，擅长治国的人不会欺骗人民，擅长当家作主的人不会欺骗亲人。

【解读】

日本著名社会活动家和宗教活动家池田大作曾说："一个诚实的人，不论他有多少缺点，同他接触时，心神会感到清爽。这样的人，一定能找到幸福，在事业上有所成就。这是因为以诚待人的人，别人也会以诚相见。"

西汉初年，有一个叫季布的人，他为人侠义，乐于助人，且特别讲究信用。只要是答应了别人的事情，无论多么困难，他都会竭尽全力去完成。因此，他在楚地享有极高的声誉，人们都说："得黄金百斤，不如得季布一诺。"

后来，季布因得罪了汉高祖刘邦，遭到通缉。但此时，那些敬仰他为人的人们并没有离他而去，反而暗中帮助他。最终，在朱家等人的帮助下，刘邦撤销了对季布的通缉令，并封他做了郎中。不久之后，季布又升为河东太守。

此时，有一个与季布同为楚人的曹邱生，虽然平时专好结交有权势的官员，但当他听说季布又做了大官后，便想去拜访他。尽管季布一开始对曹邱生并不看好，甚至有些厌恶，但曹邱生毫不在意，他对着季布又是打躬，又是作揖，并大肆称赞季布的名声。季布听了曹邱生的这番话后，心中的不满逐渐消散，反而对曹邱生产生了好感，并留他住了几个月，作为贵客招待。临走时，季布还送给了曹邱生一笔厚礼。

此后，曹邱生继续替季布宣扬他的名声，使得季布的名声越来越大。一个人说话要算话，不能出尔反尔。诚信是个人品格的核心，也是社会交往的基石。只有诚信，才能赢得他人的信任和尊重，也才能在社会中立足并取得成功。

在现代社会，无论是做人还是做事，"一诺千金"都显得尤为重要。这不仅仅是一个道德标准，更是一种生活态度和社会责任，让我们以诚信为本，做一个值得信赖的人。

知其诡而不察

知其诡而不察，察而不示，导之以谬。攻子之盾，必持子之矛也。

——（明）张居正《权谋残卷》

【译文】

知晓他人的诡诈，却装作不能觉察，觉察了也不显露出来，用谬论来引导他人。攻打他人的盾，必定要用他的长矛。

【解读】

“诡道”无处不在，用得恰到好处便是智慧，智慧的武装使你的生活游刃有余。在生活中遇到挑战，要细致观察后再“出招”。即使你在某些方面处于弱势，只要你能够找到方法，同样可以打败强大的对手。

春秋时，击剑能手要离就是一个很好的例子。要离的个子矮小且瘦弱，他能每获全胜的原因在于他与人比剑之时，都是先采取守势，待对方发起进攻时便得知对方的破绽，先是一躲，然后才突然进攻，刺中对手。要离的成功秘诀在于，在进攻前总是表现出弱而不能，让对方心智骄傲，然后以可乘之势，以探其心，待对方急于出击时而疏于防守，然后突然袭击。

这种“诡道”随处可见，如今的“排号效应”便是其中一种，它不仅仅是维持秩序，也是一种营销模式，这种模式便是利用人们的“越难于得到越想得到”的心理，让原本空闲的位置销售一空。

在古代国际贸易竞争中，兵家的诡道之术常被视为取胜的手段。

管仲相齐四十年，对齐国周边各国不动一兵一卒，却能让周边各国臣服于齐国，他所用的办法就是以商战取代军战，在商战中又以诡道取胜。

比如，鲁国和梁国的百姓擅长织绨，管仲便请齐桓公穿绨制的衣服，全国上下皆效仿，于是绨的需求量大增。管仲下令，商贩有卖绨到齐国的，每一千匹价值三百斤黄金，每一万匹价值三千斤黄金。

在高价厚利的诱惑下，鲁国和梁国国君认为这是富国的大好机会，于是下令命老百姓弃农织绨。等到两国土地荒废后，齐国突然关闭边境，停止了与两国的贸易。

鲁国和梁国有绨卖不出，有钱买不进粮食，当老百姓回头种地时，已然是远水解不了近渴，于是两国饥荒，百姓饥荒难度，纷纷投靠齐国，鲁国和梁国只好向齐国投降。

管仲用诡道之法，不仅倾鲁梁之绨，还竭莱莒之柴，购荆楚之鹿，求代国之狐皮，收衡山之器械，以商战取代军事征伐，进而达到政治目的。

"诡道"贯穿古今中外，大到国与国之间，小到人与人之间，拥有智慧的头脑才能有一番大作为。

攻其心，折其志

城可摧而心不可折，帅可取而志不可夺。所难者惟在一心。攻其心，折其志，不战而屈之，谋之上也。

——（明）张居正《权谋残卷》

【译文】

可以摧毁城池，但不能让心折服；可以抓获将领，但不能夺取他的志向。所谓的困难就在心字上。夺取他的心，攻克他的意志，不采用战斗就能让他屈服，这才是上等的谋略。

【解读】

百将一心、三军同力，人人欲战、所向无敌。

“攻心为上，攻城为下，心战为上，兵战为下。”三国时期，诸葛亮用此计平定了南中之乱。

诸葛亮用反间计杀了叛乱首领雍闿、朱褒，全歼高定部后，五月渡泸，深入不毛之地，开始征讨孟获。孟获收编了雍闿等人的余下部队，继续与蜀军对峙。

身为当地少数民族的首领，孟获在南中为“夷汉所服”，是当地一位很有影响力和威望的人。诸葛亮决定收服孟获，使他从心里臣服于蜀汉政权，在西南少数民族中造成深远的影响，以便能长期稳定南中局势。

在蜀汉大军到来之时，孟获聚集三位元帅先讨论，后派他们各领兵五万有余，分左、中、右三路迎战。诸葛亮用激将法，使赵云、魏延两位老将军杀奔敌军的营寨，打败蛮兵后，斩了敌军中路的元帅，左、右两路敌军元帅从山路逃跑的时候被埋伏的蜀军擒获。

诸葛亮命人解开两位洞主元帅的绳索，赐给他们酒食衣服，让两人各自归去。孟获闻兵败，大怒，遂率兵进发。诸葛亮让王平诈败，引诱孟获军队进入伏击圈。孟获见蜀军旌旗四起，队伍杂乱无章，遂生轻敌之意，驱兵追击王平。正追杀之时，蜀将张嶷、张翼两路兵马突然杀出来，截断其后路。王平领兵杀回时，赵云、魏延从两侧夹击，孟获抵挡不住后，被魏延生擒。

诸葛亮让人解去被俘蛮兵的捆绑，安抚道：“你们都是好百姓，不过受他人蛊惑，而今受了惊吓，我想你们的家人一定会倚门而望，我今天放你们回去，以安各自家人之心。”士兵深感其恩德，哭着拜谢后归家。

诸葛亮对孟获不但不杀不辱，反而加以好生款待，让他观看蜀军营垒和阵容。孟获并不服气，声称自已是因为不知道虚实而中了埋伏，并说若再战必胜。诸葛亮便笑着放他归去，让他整顿军马后再来交锋。结果孟获又一次兵败被活捉。可他依旧不服气，诸葛亮于是又把他放回去了。就这样，捉一次放一次，直到孟获第七次被捉住。在诸葛亮笑着又一次准备放他回去时，孟获终于心悦诚服地说："公，天威也，南人不复反矣。"

这便是历史上诸葛亮"七擒孟获"的故事。诸葛亮对孟获七擒七纵是一种攻心战术，"不以力制，而取其心服"。

人服不如心服，只有心悦诚服的下属才能站在大局上，为整个集体的利益考虑，也只有"仁"的将领，才能让手下对自己心悦诚服。

以民为本，何患见闻不广

人君以天下之耳目为耳目，以天下之心思为心思，何患闻见之不广？

——（清）康熙《庭训格言》

【译文】

身为国君，应该把天下人的耳目当作自己的耳目，把天下人心里的想法当作自己的想法，怎么还会担忧自己的所见所闻不广博呢？

【解读】

汉武帝刘彻即位之初面临着诸多内外挑战，他深知要稳固政权、振兴国家，仅凭一己之力是远远不够的。因此，他提出了"广开言路，集思广益"的治国方针，鼓励百官和士人直言进谏，提出对国家治理有益的建议。

为了真正了解民情民意，刘彻经常微服私访，深入民间，与百姓面对面交流。他亲自询问百姓的生活状况，听取他们对政策实施的意见和建议。这些私访不仅让汉武帝更加了解百姓的真实需求，也让他对官员的治理情况有了更直观的认识。

此外，刘彻还设立了一系列机构来收集和处理来自全国各地的信息。他设立了“绣衣使者”，这些使者不仅负责监察地方官员，还负责收集民情民意，将百姓的诉求和意见直接上报给中央。同时，他还重视与地方官员的沟通，经常召见他们进京述职，听取他们对地方治理的汇报和建议。

通过这些措施，刘彻得以广泛听取各方面的意见和建议，使得自己的决策更加明智和全面。他采纳了许多有益的建议，推行了一系列改革措施，如加强中央集权、推行均输法、改革币制等，这些措施有效地促进了国家的发展繁荣。

作为领导者，要时刻保持谦虚和开放的心态，广泛听取各方面的意见和建议。只有这样，才能真正了解民情民意，制定出符合百姓利益的政策。同时，通过集思广益，可以汇聚众人的智慧和力量，推动事业的发展。

居安思危，防微杜渐

夫存者非存，在于虑亡；乐者非乐，在于虑殃。

——（商末周初）姜子牙《六韬》

【译文】

一个国家能否长久存在，不在于当下的存亡，而在于做没做到在安定的环境中，也能想到可能产生的危难。君主能否安乐，并不在于当前的安乐，而在于做没做到在快乐的时候也不忘记忧愁。

【解读】

汉朝的开国皇帝刘邦，起初只是一个普通的亭长，然而他凭借着智慧和勇气，最终推翻了秦朝，建立了汉朝。在汉朝建立之初，刘邦深知国家的稳定和繁荣来之不易，因此，他并没有因为一时的胜利而忘记潜在的危机。

刘邦在位期间，实行了一系列明智的政策，以巩固国家的统治。他注重发展经济，减轻百姓的赋税负担，使得社会逐渐安定下来。同时，他也非常注重选拔人才，广开才路，使得许多有才能的人得以在朝廷中发挥作用。

有一次，刘邦在宫中举办盛大的宴会，庆祝国家的繁荣昌盛。然而，在宴会进行到高潮时，他却突然起身，离开了宴会厅。众人不解，纷纷询问原因。刘邦回答说："吾观今日之盛，思及昔日之苦，心中不安。天下虽安，犹有未定之事，吾当思患预防，不可沉溺于安乐之中。"

刘邦的这种忧患意识，使得他在位期间能够时刻保持清醒的头脑，不断巩固和发展汉朝的统治。他的这种态度也影响了后来的汉朝皇帝，使得汉朝成为一个强盛而稳定的王朝。刘邦的成功提醒我们不要过分沉溺于当前的安乐之中。在舒适的环境中，人们往往容易变得懒散和自满，从而失去对未来的警觉和追求。因此，我们应该时刻保持进取心和求知欲，不断学习和提升自己，以应对不断变化的世界。

明修栈道,暗度陈仓

阴其谋，密其机，高其垒，伏其锐。士寂若无声，敌不知我所备，欲其西，袭其东。

——（商末周初）姜子牙《六韬》

【译文】

隐藏自己的谋略，藏匿自己的意图，加固自己的壁垒，埋伏好精锐的士兵，不发出一点声响，使得敌人不知道我方的防备部署。想要攻打西面的敌人，就先去假装攻打东面的敌人。

【解读】

在楚汉相争时期，韩信被刘邦拜为大将后，决定出兵东向，攻打项羽的势力范围。他首先命令樊哙、周勃带领一万人去修五百里栈道，扬言要从栈道出击。这一行动看似是要从栈道进攻关中，实际上韩信的真正意图是迷惑敌军，使其将注意力集中在栈道方向。

栈道修复工程艰巨，进展缓慢，引起了关中守军的松懈和轻视。他们以为汉军要想从栈道进攻，起码也要半年时间，所以并未严加防备。然而，韩信的真正计划却是“明修栈道，暗度陈仓”。他亲自率领大军，从故道（今陕西宝鸡市陈仓区）出击，突然袭击陈仓（今陕西宝鸡市东），迅速占领了关中地区。

韩信充分运用了“阴其谋，密其机”的策略，通过明修栈道这一行动，掩盖了真正的进攻意图，使敌军产生了错误的判断。同时，他也“高其垒，伏其锐”，通过精心组织和部署，确保了攻击行动的突然性和有效性。最终，成功地“欲其西，袭其东”，从敌军未加防备的方向发动攻击，取得了重大的胜利。

可见，在战争中运用智谋和策略十分重要，通过精心策划和巧妙运用战术，可以取得出人意料的胜利。韩信的暗度陈仓之计，不仅展示了他的卓越军事才能，也为后世留下了宝贵的战争经验和智慧。

治乱之道，秉承七法

凡治乱之道：一曰仁，二曰信，三曰直，四曰一，五曰义，六曰变，七曰专。

——（春秋）田穰苴《司马法》

【译文】

治理混乱的方法：一是仁爱宽厚，二是诚实守信，三是正直无私，四是一心一意，五是道义，六是随机应变，七是集权专制。

【解读】

三国时期，刘备作为蜀汉的开国皇帝，在临终前将国家大事托付给了诸葛亮。这一历史事件，不仅体现了刘备对诸葛亮的信任和倚重，也深刻展现了治理乱世的七个核心原则。

首先，刘备的“仁”体现在他对国家和人民的深厚情感上。他深知自己即将离世，最担忧的是国家的未来和百姓的福祉。因此，他选择将国家托付给有才能且忠诚的诸葛亮，希望他能辅佐儿子刘禅继续带领蜀汉走向繁荣。

其次，“信”体现在刘备对诸葛亮的信任上。他们之间的深厚情谊和多年来的默契合作，使得刘备对诸葛亮的能力和忠诚深信不疑。这种信任也换来了诸葛亮的鞠躬尽瘁、死而后已。

再者，“直”和“一”体现在刘备对诸葛亮的坦诚和统一思想上。刘备没有隐瞒自己的病情和国家的困境，坦诚地与诸葛亮交流，希望他能理解自己的嘱托和期望。同时，他也希望诸葛亮能够统一蜀汉的思想，使国家上下一心，共同应对未来的挑战。

此外，“义”体现在刘备对诸葛亮的道义责任上。他深知自己将国家大事托付给诸葛亮是一种重大的责任，因此，他要求诸葛亮尽心尽力辅佐刘禅，不得有丝毫懈怠。这种道义责任也激励诸葛亮在后来的日子里为蜀汉国家呕心沥血、尽忠职守。

至于“变”和“专”，则体现在诸葛亮后来的治国实践中。他根据时局的变化灵活调整政策，确保国家的稳定和发展。同时，他也专注于国家大事，不受其他事务的干扰，确保政令的专一和有效执行。

刘备托孤的故事，不仅是一段感人至深的君臣情谊，也是一个生动体现治理乱世之道的实例。它告诉我们，在治理国家的过程中，领导者应当遵循仁、信、直、一、义、变、专的原则，以实现国家的长治久安和社会的和谐稳定。

治国需知识与策略并行

错仪画制，不知则不可；论材审用，不知象不可；和民一众，不知法不可；变俗易教，不知化不可；驱众移民，不知决塞不可；布令必行，不知心术不可；举事必成，不知计数不可。

——（春秋）管仲《管子》

【译文】

布政立法，不能不知道规则；选择人才审慎任用，不能不知道具体状况；治理百姓、统一百姓，不能不知道法律准则；改变原本的习惯和教化，不能不知道政治教化；使百姓听从意旨调遣他们，不能不知道行为准则；发布政令必须施行，不能不知道百姓的所思所想；想要做成大事，不能不精通筹划计谋。

【解读】

战国时期的秦国，在商鞅的变法改革下，实现了从弱到强的巨大转变，最终统一六国，建立了强大的秦朝。

在“错仪画制”方面，商鞅制定了一系列严格的法律制度，包括奖励军功、重视农耕、实行连坐法等，这些制度极大地提高了秦国的国家实力和民众的凝聚力。

在“论材审用”方面，商鞅推行了军功爵制，按照军功大小授予不同的爵位和田宅，这既激发了士兵的斗志，也使得有才能的人得以崭露头角。

在“和民一众”方面，商鞅通过法律手段维护社会秩序，保障民众的基本权益，使得民众对秦国政府产生了高度的信任和支持。

在“变俗易教”方面，商鞅推行了重视法治、强调实效的教育政策，改变了秦国原有的风俗习惯和教育体系，为秦国的崛起奠定了思想基础。

在“驱众移民”方面，商鞅根据地形地势和战略需要，合理地调动和安置民众，使得秦国的资源和人力得到了有效的利用。

在“布令必行”方面，商鞅深知心理战术的重要性，他通过发布明确、有力的命令，使得秦国的军队和民众能够迅速、有效地执行各项任务。

在“举事必成”方面，商鞅善于运用数学、统计等量化分析的方法，制定精确的计划和策略，确保每一项改革和行动都能取得预期的成果。

可以说，商鞅的变法改革是一个综合运用多种知识和能力的典范。他通过深入了解社会实际、制定科学的制度、选拔合适的人才、运用有效的心理战术和量化分析方法等手段，成功地推动了秦国的崛起和统一大业的实现。

君主治国,应有贤臣辅佐

一目之视也，不若二目之视也；一耳之听也，不若二耳之听也；一手之操也，不若二手之强也。

——（春秋战国）墨子《墨子》

【译文】

看东西用一只眼睛，比不上用两只眼睛。听声音用一只耳朵，比不上用两只耳朵。拿东西用一只手，比不上用两只手。

【解读】

在封建政治时期，君臣关系往往充满了复杂性和矛盾性，然而，五胡十六国时期的苻坚与王猛，以其卓越的才华和深厚的情谊，共同谱写了一曲君臣和谐的佳话，成为历史上几乎完美的楷模。

王猛出身寒门，早年以织席卖履为生，但他天资聪慧，志向远大，自学成才，成为远近闻名的贤能。尽管他衣着邋遢，但气度雄伟，庄重刚毅，其不凡的才华和见识得到了许多人的认可。

在苻坚未即位之前，王猛曾去拜见东晋的桓温。桓温被王猛的见解所折服，力邀其南下效力东晋朝廷，但王猛看出桓温并无统一北方的志向，因此拒绝了他。后来，王猛回到北方，在吕婆楼的推荐下，与苻坚相见。两人一见如故，苻坚对王猛极为赏识，并安排他出任中书侍郎，此后王猛逐渐成为苻坚的股肱大臣。

苻坚即位后，重用王猛等汉族士人，抑制豪强，强化王权，推行一系列改革措施。王猛在政治上抵制权贵，整肃吏治，强化中央集权；军事上平定叛乱，统兵攻占前燕都城；经济上劝课农桑，开放山泽，兴修水利，实现田畴开辟，仓库充实。在王猛的辅佐下，前秦国势日盛，北方呈现小康景象。

苻坚与的王猛故事不仅是一段历史佳话，更是关于才华与机遇、忠诚与智慧、合作与成功的典范。同时也启示我们，在面对不确定的世界和复杂的挑战时，需要寻找与自己理念契合的合作伙伴，建立相互信任的关系，设定明确的目标。只有这样，我们才能够携手并进，共同走向成功。

睹民之苦，答民之劳

古者戍军，三年不兴，睹民之劳也。上下相报若此，和之至也。得意则恺歌，示喜也；偃伯灵台，答民之劳，示休也。

——（春秋）田穰苴《司马法》

【译文】

古代戍守边疆的军人，三年内不征收他们的军赋，目睹了他们的艰辛。如果上司和部下能像这样互相感谢，就是最和谐的表现。取得胜利回来就奏响胜利的歌，从而表现心情喜悦；争霸战争结束后，建起“灵台”举行集会，这是为了回报辛劳的百姓，示意休养生息、不再用兵。

【解读】

汉文帝刘恒是西汉时期的第五位皇帝，他即位后，面临的是一个历经战乱、百废待兴的国家。汉文帝深知农业是国家的根本，百姓是国家的基石。因此，他特别注重农业生产，希望通过自己的行动来引导百姓重视农业、勤劳耕作。于是，他决定亲自率领文武百官到京城的南郊举行籍田礼。

在举行籍田礼的那一天，汉文帝早早地来到南郊的籍田。他身着朴素的衣裳，手持锄头，与百官们一起劳作。他亲自挖土、播种，并向百官们讲解农业知识，鼓励他们勤于农事，为国家的繁荣稳定贡献自己的力量。

籍田礼结束后，汉文帝并没有停下对农业生产的关注。他多次下令减轻农民的赋税和徭役负担，鼓励农民开垦荒地、增加耕种面积。同时，还推行了一系列政策来支持农业发展，如修建水利设施、推广先进的农业技术等。

汉文帝的亲耕籍田和一系列农业政策，得到了百姓们的热烈拥护和积极响应。他们纷纷投入农业生产中，勤劳耕作，使得西汉的农业生产得到了快速的发展。国家的经济也逐渐恢复和繁荣起来，百姓们的生活水平得到了显著的提高。

可见，作为领导者应该注重关注民生、重视农业发展，通过实际行动来引导百姓勤劳耕作、发展经济。同时，也应该注重减轻百姓的负担，让他们能够过上安居乐业的生活。这样才能实现国家的长治久安和社会的和谐稳定。

第七章

谋事成事：善察者明，慎思者智

“善察者明，慎思者智”这句话强调了观察和思考的重要性，同时也提醒我们要保持谨慎和机警。如果丧失谨慎，往往会带来巨大的灾难。平静的水面下往往暗流涌动，我们不要被眼前的和平、宁静迷惑，透过表面的平静，洞察背后的危机，这样我们就可以化解危机，避免造成不必要的损失。

矜则无功，悔可减过

盖世的功劳，当不得一个“矜”字；弥天的罪过，当不得一个“悔”字。完名美节不宜独任，分些与人，可以远害全身；辱行污名不宜全推，引些归己，可以韬光养德。事事留个“有余不尽”的意思，便造物不能忌我，鬼神不能损我。若业必求满，功必求盈者，不生内变，必招外忧。

——（明）洪应明《菜根谭》

【译文】

一个人即使有盖世的丰功伟绩，也承受不了一个骄矜的“矜”字所起的抵消作用；一个人即使犯下了滔天大罪，只要能做到一个懊悔的“悔”字，也能赎回以前的罪过。面对扑面而来的荣誉、名气等，不要独自占有，必须和大家一起分享，只有如此，才不会因为他人的嫉恨而招来灾害，从而保全性命；而面对各种不堪的耻辱和坏名声，也不要完全推到他人身上，自己应该主动承担几分，只有如此，才能收敛锋芒，修养品德。如果做任何事都留有几分余地，那样即使是全能的造物主也不会忌恨我，鬼神也不能对我有所伤害。如果在事业上过度好强，功业追求绝对的完美，那么即使不为此而发生内乱，也必然为此而招致外患。

【解读】

在生活中，很多人会这样抱怨：“我的世界为何如此无趣？为什么我只能待在一个角落孤芳自赏？”我想说的是，如果你不会忧他人之忧，乐他人之乐，你就永远也尝不到生活的酸甜苦辣。我们要懂得分享，才能持续地享有。

白居易曾说：“乐人之乐，人亦乐其乐；忧人之忧，人亦忧其忧。”说的正是分享的道理。要想从别人身上得到什么，首先要向他付出什么。要想让别人分担自己的忧愁，首先要学会帮别人分忧。

古代思想家、教育家孟子曾这样问梁惠王：“独乐乐，与人乐乐，孰乐？”梁惠王毫不犹豫地回答：“不若与人。”只有懂得与人分享，美好、精彩的生活才会不请自来。

在明朝，帝王朱棣曾经六派郑和下西洋，访问了三十多个在西太平洋和印度洋的国家和地区，给他们带去了中国先进的科学技术与不同的民族文化，并同他们建立了友好的外交关系，从而得到了他们的尊重和认可。那些国家都把明朝视为天朝，每年按时进贡，结果明朝变得越来越富裕了。

正是因为朱棣懂得分享，才能为明朝的繁荣打下了坚实的基础。

分享能够提升人生的情趣与境界，赢得人们的尊敬。“竹林七贤”徜徉在山水之间，既分享彼此的志趣，又升华了各自的情谊；苏轼与王安石虽然政见不同，却喜欢互相探讨诗词，分享两人的文学见解，因而他们的友情坚如磐石；居里夫妇毫不吝啬财富和科研成果，慷慨地与世人同享，因此成了我们毕生爱戴尊敬的对象……因为分享，人与人之间的隔阂渐渐消失；因为分享，他们收获了双倍的幸福，得到了世人的尊敬。

“独学而无友，则孤陋而寡闻”，如果没有了分享，没有了交流，我们会困在思想的陋室，我们思想的河流很快就会干涸，再也不会激起智慧的浪花。

有这样一句名言：把你的痛苦与别人分担，你的痛苦会减少一半；把你的快乐与别人分享，你的快乐会增加一倍。分享快乐不会使自己损失什么，却能让这个世界充满温情。与别人分享快乐是一种美德，因为快乐能够传染。

如果自己是一团火，就点亮别人；如果自己是一盆水，就洗净别人；如果自己是一粒种子，就长出更大的稻穗；如果自己是一弯月，就给夜行人送去清辉。分享本身就是一种快乐，请不要那么吝啬。

不形于言，不动于色

霁日青天，倏变为迅雷震电；疾风怒雨，倏转为朗月晴空。气机何当一毫凝滞？太虚何当一毫障塞？人之心体，亦当如是。胜私制欲之功，有曰识不早、力不易者，有曰识得破、忍不过者。盖识是一颗照魔的明珠，力是一把斩魔的慧剑，两不可少也。觉人之诈，不形于言；受人之侮，不动于色。此中有无穷意味，亦有无穷受用。

——（明）洪应明《菜根谭》

【译文】

晴空万里的天空，会突然乌云密布、雷雨交加；当狂风怒吼、倾盆大雨之时，又转瞬间皓月当空，万里无云。大自然的运行无止无息，没有一刻停止，宇宙间的运行也不曾发生丝毫的错误或混乱。所以人的心性也像大自然一样毫无滞塞，不被名利所阻碍。在战胜私情、克制欲念的功夫方面，有些人没发现私心欲念的害处且又没有坚定的意志去战胜它；有的人虽然明白私心欲念的害处，却忍受不了它的诱惑。智慧是一种认识魔鬼的法宝，而坚定意志则是消灭魔鬼的利剑，想要战胜私心欲念，这两种都是不可缺少的。发觉被欺骗时不要立刻说出来，遭受侮辱时也不要立刻生气。这种处事方法中有无穷的意蕴，在你人生旅程上也将受用不尽。

【解读】

唐朝有一位江州刺史李渤，向智常禅师问道：“佛经上所说的‘须弥藏芥子，芥子纳须弥’，未免失之玄奇了，小小的芥子，怎么可能容纳那么大的一座须弥山呢？过分不懂常识，是在骗人吧？”

智常禅师闻言而笑，问道：“人家说你‘读书破万卷’，可有这回事？”

“当然！我读的书岂止万卷？”李渤得意扬扬地说。

“那么你读过的万卷书如今何在？”

李渤抬手指着头说：“都在这里了！”

智常禅师道：“奇怪，我看你的头颅只有一个椰子那么大，怎么可能装得下万卷书？莫非你也骗人吗？”

李渤顿时目瞪口呆，无话可说。

就像可以装下须弥山的小小芥子一样，人的心灵像一个小小的宇宙，能够装下目力所及的一切，甚至还能装下想象中的无穷空间，心境浩瀚则无边界。

大肚能容，容天下难容之事；笑口常开，笑天下可笑之人。这种坐看芸芸众生的气度的确不失为一种融冰融雪的博大胸怀。

读懂了宽容，才算读懂了人生。一个不懂得宽容别人的人，内心是狭隘的，精神上也会变得苍老；一个不懂得宽容自己的人，会因为把生命的弦绷得太紧而伤痕累累，抑或断裂。

在拿破仑征服意大利的一次战斗中，士兵们都很辛苦。拿破仑夜间巡岗查哨。在巡岗过程中，他发现一名巡岗士兵倚着大树睡着了。他没有喊醒士兵，而是拿起枪替他站起了岗，大约过了半小时，哨兵从沉睡中醒来，他认出了自己的最高统帅，十分惶恐。

拿破仑却不恼怒，他和蔼地对他说：“朋友，这是你的枪，你们艰苦作战，又走了那么长的路，你打瞌睡是可以谅解和宽容的，但是目前，一时的疏忽就可能断送全军。我正好不困，就替你站了一会儿，下次一定小心。”

拿破仑没有破口大骂，没有大声训斥，没有摆出元帅的架子，而是语重心长、和风细雨地批评士兵的错误。有这样大度的元帅，士兵怎能不英勇作战呢？

宽容是一种艺术，宽容别人，不是懦弱，更不是无奈的举措。在短暂的生命里学会宽容别人，能使生活中平添许多快乐，使人生更有意义。

进步处思退步，着手时图放手

进步处便思退步，庶免触藩之祸；着手时先图放手，才脱骑虎之危。贪得者，分金恨不得玉，封公怨不授候，权豪自甘乞丐；知足者，藜羹旨于膏粱，布袍暖于狐貉，编民不让王公。矜名不若逃名趣，练事何如省事闲。嗜寂者，观白云幽石而通玄；趋荣者，见清歌妙舞而忘倦。唯自得之士，无喧寂无荣枯，无往非自适之天。

——（明）洪应明《菜根谭》

【译文】

当你的事业顺利进展时，应该有抽身隐退的准备，以免将来把自己弄得进退两难；当你刚开始做一件事时，就要先想在什么情况之下罢手，以免将来骑虎难下，无法控制而招来危险。贪得无厌的人，你给他金银他还怨恨得不到珠宝，你封他公爵他还怨恨没封侯爵，这种人虽然身居富贵之位却等于自愿沦为乞丐。自知满足的人，吃野菜汤也比吃山珍海味还要香甜，穿布棉袍也比穿狐袄貂裘还要温暖，这种人虽然身居平民地位，实际比王公更为高贵。喜欢夸耀自己名声的人，倒不如避讳自己的名声显得更高明；一个潜心研究事物的人，倒不如什么也不做来得更安闲。喜欢宁静的人，看到天上的白云和幽谷的奇石，就能悟出深奥的玄理；喜欢繁华热闹的人，听到悠扬的音乐看到美妙的舞姿，就忘掉一切疲劳。只有那些纯净自得的人，没有喧嚣或寂寞的烦恼，没有得志或失意的痛苦，何时何地都是他逍遥自在的天地。

【解读】

古人云："无事如有事，时提防，可以弥意外之变；有事如无事，时镇定，可以消局中之危。"所以，无论何时何地，都要未雨绸缪，防患于未然，切忌临渴掘井。

秦末，项梁从吴中起义，然后率领八千人渡江向西，加入消灭暴秦的行列。他听说有个叫陈婴的人已经占领了东阳县（今属浙江金华），就派人前去联络，想要和他一起联兵西进。

陈婴本来是东阳县的一个小官吏，由于他忠信恭谨，一直深受县民爱戴。后遇天下大乱，东阳县里的一些年轻人自发地组织起来，杀死了县令，请陈婴来做他们的首领。陈婴推辞不过，只好答应了。他们又想推举陈婴为王。

陈婴的母亲听说要选陈婴为王，十分反对。她对陈婴说："我们陈家虽是县里的望族，但从无做高官的人，现在一下子做什么王，名声太大了，容易招来祸害。况且，现在时局动乱，形势未明，出来称王，祸害比平时更大。如果成功了，你能得到封赏；如果不成功，人家也会把你当头儿抓。"

听了母亲的分析后，陈婴思量再三，觉得还是不为王的好。于是他对众人说："我原本是个小官，威望不足以服众人。现在项梁在江东起事，引兵西渡，并派人来要和我们联合抗秦。项梁祖世就为楚将，名声显赫，我们想成就一番事业，就得依靠像项梁这样的人。"于是，陈婴带领两万多起义军投奔了项梁。

知子莫若母，陈婴的母亲知道他的性格不适合与各路枭雄争夺天下，不如依附在强者的势力下，进可享受爵位，退可隐姓埋名，保有性命。可见，陈婴的母亲相当务实。而陈婴也能听从母亲的警告，居安而思危，实乃大幸。

唐贞观之初，唐太宗曾向名臣魏征垂询国家长治久安之道，魏征写下《谏太宗十思疏》，在这篇文章中，魏征紧扣“思国之安者，必积其德义”这一安邦治国的重要思想，具体提出了“居安思危，戒奢以俭”等十个建议，其中排在首位的就是居安思危。太宗基本上采纳了这些建议，这才有了中国历史上著名的“贞观之治”。

可见，小到一个人，大到一个国家，都要有忧患意识。这样在危险突然降临时，才不至于手忙脚乱。

注意细节者得天下

尺蚓穿堤，能漂一邑；寸烟泄突，致灰千室。

——（南北朝）刘昼《刘子新论》

【译文】

仅仅一尺长的蚯蚓挖的小洞也能使长堤崩塌溃决，河水能够淹没整座城池。仅仅一寸的烟火冒出烟囱也可以将上千座房子弄脏。

【解读】

白圭是魏国一位极具水利经验的大臣，他深知黄河水患对都城大梁城的潜在威胁。因此，他不仅在城外修筑了坚固的河堤和拦水坝，而且非常注重堤坝的日常维护。他要求手下的人必须每天沿着堤坝巡查，特别注意堤坝上是否有蚂蚁的洞穴。一旦发现蚁穴，就必须立即清除，以防止它们扩大并威胁到堤坝的安全。

很多人对于白圭的这一要求感到不解，他们认为蚂蚁洞穴如此微小，怎么可能对长长的堤坝造成威胁呢？然而，白圭却深知蚁穴虽小，但如果不加以清除，这些看似微不足道的洞穴会逐渐扩大，最终可能导致整个堤坝的崩溃。他强调防微杜渐的重要性，认为只有从细节入手，才能确保堤坝的稳固和安全。

韩非子对白圭的这一做法给予了高度评价，他在《韩非子·喻老》中赞叹道："千丈之堤，以蝼蚁之穴溃；百尺之室，以突隙之烟焚。"这句话意味着高大的堤坝可能因为小小的蚁穴而崩溃，宽敞的房屋可能因为烟囱的裂缝而失火。这强调了忽视小问题可能会导致大灾难的道理。

因此，"千里之堤，溃于蚁穴"这个成语就流传了下来，用来比喻微小的隐患如果不加以处理，可能会引发严重的后果。它提醒我们，在处理事务时，不能忽视任何看似微小的问题，而应该防微杜渐，从细节入手，确保整体的稳固和安全。

这个故事不仅具有历史价值，更对我们现代社会具有深刻的启示意义。它告诉我们，无论是在工作中还是生活中，我们都应该注重细节，及时发现并解决潜在的问题，以免小问题最终引发大麻烦。

做事要把握规律顺乎自然

逆者难从，顺者易行，难从则乱，易行则理。

——（秦）黄石公《素书》

【译文】

做事不遵循一般的规律，百姓便不会轻易听从，符合常理，事情便会顺利进行。让百姓为难，便会发生动乱，事情发展得轻松，一切便会顺利。

【解读】

万事万物都有其自然的发展规律，不管是在古代还是在现在，“堵不如疏”一直都是处理问题时最合理的方式，我们都应该顺应自然的规律，如果总是想要人为地改变一些难以改变的事情，最后很有可能好心办坏事，甚至给自己招来灾祸。

尧还在世的时候，中原地带洪水泛滥，淹没了庄稼、山陵和百姓的房屋，民众流离失所，只得背井离乡。在这种情况之下，尧决心消灭水患，于是开始寻访能治理洪水的人。

群臣和部落的首领都推举鲧。鲧治了九年，水还是没有消退。后来舜接管朝政之后，所碰到的首要问题也是治水。他先是罢免了鲧的职务，并将他流放，然后将治水的任务交给了鲧的儿子禹。

禹并不因舜处罚了他的父亲就怀恨在心，而是欣然接受了任务。考虑到这一任务比较特殊，舜又派伯益和后稷两位贤臣协助禹的工作。

禹带着众人一起跋山涉水，风餐露宿，走遍了当时中原大地的山山水水。禹觉得自己的父亲采用堵的方法没能完成治水的大业而空留遗憾，他决定采用疏导的方式来治理。

大禹治水一共花了十三年。在他的治理下，咆哮的河水失去了往日的凶恶，变得驯驯服服地、平缓地向东流去，那些曾经被水淹没的山陵露出了峥嵘，农田也变成了粮仓，人民又能过上幸福安定的生活了。后代人为了感念他的功绩，为他修庙筑殿，尊称他为“禹神”。

顺其自然、淡然处世是一种随性、随缘的处世态度，也是一种潇洒的生活方式，这样与世无争的方式往往会取得意料之外的结果，就像“无心插柳柳成荫”一样，这种态度在现代这种烟火气息极重的时代非常值得我们学习。

恶小耻者，不能立荣名

效小节者不能行大威，恶小耻者不能立荣名。

——（西汉）刘向《战国策》

【译文】

一心关注细微之处的人，是办不成有威望的大事的；忍受不了小耻辱的人，是无法成就美名的。

【解读】

在现实生活中，我们会遇到各种各样的问题。当外界的时势对我们不利的时候，我们应该学会韬光养晦，不要妄想以卵击石，曲线生存以保存实力才是王道。

鲁定公十四年（前496年），吴王阖闾主动挑起与越国的战争，没想到被越国击败，吴王阖闾也身受重伤，不治身亡。随后，夫差即位。

越王勾践在得知吴国要建一支水军之后，生怕吴国会再次挑起战争，不顾朝臣的反对，下令出兵灭掉吴国水军。结果，越国军队被吴王手下的奇兵包围，越国大败，勾践夫妇假意投降，留在吴国。

落难的勾践成为吴王夫差的驾车养马仆人，勾践的夫人成为打扫吴国宫室的宫女，二人在吴国受尽屈辱。在伍子胥的建议下，吴王夫差差点将勾践夫妇杀掉，幸亏伯嚭的保护才幸免于难。

受尽屈辱的勾践决心要洗刷自己在吴国留下的污点，于是将睡觉用的褥子换成干巴巴的柴草，并且在屋子里挂了一只苦胆，每日都要品尝一遍。经过努力，勾践终于得到吴国的赦免，之后他立马返回越国，一边实行增强国力的政策，一边与齐国、晋国、楚国暗中联络，秘密达成合作。

越王勾践为了麻痹吴国军队，假装攻打楚国，楚国也陪着越国演戏，假装派兵追击越军。吴国见越国真的愿意和楚国开战，就对越国放下心来。越国经过多年的准备，国力早就今非昔比，等到合适的时机，一举拿下吴国主城，生擒吴王夫差，斩杀吴国太子，终于一雪前耻。

不管在什么时候，弱者都是容易被人忽视的群体，他们也因此给自己争取到了更容易存活的方式，不会在还未成长起来之前就被强者扼杀了。同时，弱者往往很容易认识到自己的缺点，而后发奋图强，使自己变得强大起来，成为所有人尊重的对象，不再被人欺凌。我们要学会将自己放在不起眼的位置上，这样才不会因为过于强盛的发展势头而给自己招来不必要的麻烦。

训练缜密思维，做事滴水不漏

离合有守，先从其志。即欲捭之贵周，即欲阖之贵密。周密之贵微，而与道相追。捭之者，料其情也；阖之者，结其诚也。皆见其权衡轻重，乃为之度数。圣人因而为之虑，其不中权衡度数，圣人因而自为之虑。

——（战国）鬼谷子《鬼谷子》

【译文】

计谋有与自己不相同的和相同的，对此，应该在尊重对方意愿的前提下把握好自己的主张。如果要运用开启之术，贵在周详和完备；假如要运用闭合之术，贵在隐藏和保密。要达到周密，最重要的是做得微妙，合乎事物发展的规律和道理。所以要让对方开启，是为了判断对方的实情；要让对方闭藏，是为了坚定对方的诚意。这些都是为了彻底摸清对方的底细，以便探测其各方面的表现。若据此足以做出分析和预测，圣人就可为其谋划。若分析和预测的结果不理想，圣人就会想办法另行谋划。

【解读】

在历史进程中，凡能建功立业者，无一不是处理细节的高手。三国时魏国的大将军司马懿就曾以周密的捭阖之策而反败为胜，纵横天下。

魏文帝死后，太尉司马懿把兵权牢牢地掌控在了自己手中，随着他的势力日渐膨胀，曹氏宗族对司马懿的戒备之心也日益深重，二者之间的矛盾渐渐暴露了出来。

延熙十年（247年），大将军曹爽专擅朝政，他用明升暗降的手段剥夺了司马懿的兵权。司马懿曾经立过很多战功，如今却被剥夺了大权，心中自然十分怨恨，但他看到曹爽现在风头正盛，知道恐怕一时斗不过他，就选择了暂且忍耐。

于是，司马懿就称病在家，多年不朝。曹爽不相信司马懿是真的有病，派亲信李胜前去探察。司马懿知道李胜要来，就装出一副病体孱弱的样子，头发散乱地躺在床上。李胜见了他后说："好久没来拜望您了，没想到您病得这么严重。现在我被任命为荆州刺史，特来向您辞行，不知道太尉有什么叮嘱没有？"司马懿故意喘着气说："并州是要地，一定要抓好防务。"李胜以为他听错了，就说："是荆州，不是并州。"但司马懿还是装糊涂。这时，侍女来给司马懿喂药，司马懿喝得十分艰难，汤水不时从口中流出，滴得满身都是。

李胜回去后向曹爽做了汇报，曹爽找不到司马懿的破绽，就打消了心中的疑问，不再防备司马懿。不久，司马懿乘曹爽放弃戒备、外出祭祖的机会发动政变，一举控制了王城。等到曹爽闻讯赶回时，早已大势去矣。当曹爽被押送到精气十足的司马懿面前时，他才知道自己错得多么严重。司马懿以篡逆的罪名诛杀曹爽一家，曹魏政权实际上已是有名无实了。

面对曹爽的怀疑，司马懿做得可谓滴水不漏。他伪装自己，博取敌人的信任甚至是同情，尔后观察时机，突施冷箭，“毕其功于一役”，无论是思虑之周密还是行动之果断，都令人胆寒心悸，难怪当初诸葛亮将他视为平生劲敌。反观曹爽，此人官拜大将军，一人之下，万人之上，但缺少缜密的思维，所以他的得势只会是昙花一现。两人这一胜一负、一生一死、一荣一辱，并不仅仅取决于实力高低，更取决于双方心思的缜密程度。

可见，捭阖之术用于政治斗争，能使强弱形势相互转化。弱者通过自守门户，能使强者不自觉地打开门户，放松警惕，从而达到以弱胜强的目的。而强者掌握了捭阖之术就更加了不得，他们会将自己缜密的思维用在主动进攻上，让对手根本无从防御。

在现代商业领域，市场竞争十分激烈，稍有不慎就会被同行击倒，这就要求领导者具备缜密的思维习惯。当面临同行的竞争时，要能采取恰当有效的措施加以应对，需要进攻就以雷霆万钧之势进攻对手的软肋，需要防守就滴水不漏让对手找不到一丝破绽。只有这样，我们才能在激烈的市场角逐中纵横不败，成为笑到最后的赢家。

善察者明，慎思者智

善察者明，慎思者智。诱之以计，待之以隙。不治狱而明判，不用兵而夺城，非智者谁为?

——（明）张居正《权谋残卷》

【译文】

知晓道理的人善于察情，有智慧的人慎于思考。用计谋引诱敌人，等待敌人露出破绽。不用审理就能得出正确的判断，不用出兵就能夺取城池，除了智者还有谁能做到呢?

【解读】

“善察者明，慎思者智”强调了观察和思考的重要性，同时也提醒我们要保持谨慎和机警。在观察和思考的过程中，我们需要保持客观、冷静和理智，避免被主观偏见和情感左右。只有这样，才能够做出更加明智和正确的决策。

长孙皇后与其兄长孙无忌，帮助唐太宗李世民完成大业，建立大功。太宗欲封长孙无忌为宰相，长孙皇后闻讯后出面力阻。她对唐太宗说：“臣妾感谢圣恩，臣妾已位尊至皇后，长孙家不能再封赏了。汉朝的教训太深了，当年吕后受皇上宠幸，满朝都是吕家的人，结果图谋造反，遭灭顶之灾，祸国殃民。长孙无忌不能为相，请求皇上另找人选。”李世民拒不采纳皇后的请求，仍封长孙无忌为相。

长孙皇后向皇上请求遭拒，于是就将其兄长孙无忌找去，向他讲清利害，要他远避裙带，切不可贪图眼前荣华富贵而酿成大祸。最后，长孙无忌被皇后说服，向皇上力辞宰相之职。

再看曾国藩，他虽然深居高位，最后能全身而退，这在当时是极为不易的。他做官做人处处小心：给家人的书信中告诫家人低调处事，勿自骄意满；平息天国之乱后遣散部队；朝廷赏赐往往谢辞而不居功。正是其谨慎小心打消了朝廷对他的猜忌，才没有出现兔死狗烹的结局。

如果丧失谨慎，往往会带来巨大的灾难。平静的水面下往往暗流涌动，我们不要被眼前的和平、宁静迷惑，透过表面的平静，洞察背后的危机，才可以化解危机，避免造成不必要的损失。

牙坚而先失，舌柔而后存

廓然怀天下之志，而宜韬之以晦。牙坚而先失，舌柔而后存。柔克刚，而弱胜强。

——（明）张居正《权谋残卷》

【译文】

心中怀有匡复天下的志向，应该将它隐藏起来不外露。牙齿虽然坚固，却最先失去，舌头柔软但能一直存在。柔可以克制刚，弱可以战胜强。

【解读】

双方之间的竞争，有时候并不完全靠实力，还要拼智慧，要找到对方适宜攻击的弱点，从而利用弱点来成全自己的目的。古时战争中，两军对垒，能够以少胜多、以弱胜强，利用的就是这个道理。

周显王二十八年（前 341 年），魏国发兵进攻韩国，韩国向齐国求救，齐宣王召大臣商量决策。

邹忌主张不救，认为汉魏相争，必有一伤，于齐国有利；田忌主张速救，若魏国胜，必殃及齐国；孙膑主张应而不救，待两军苦战疲惫不堪时，一举拿下魏国，解齐国之忧。

孙膑“围魏救赵”，直逼魏国都城大梁，庞涓撤兵离开韩国，回师追击齐国，齐军进入魏境。孙膑献计“减灶示弱”，迷惑魏军，魏军见齐军灶具日趋减少，以为齐军怯战，入魏数日便逃亡过半，于是只带了两万精兵，日夜追赶骑兵。兵至马陵，被齐军围歼，庞涓死于大树下。

元太祖十六年（1221 年），蒙古日益强大，蒙军来犯，金帝率十万人马南征。蒙军取大水泺、丰利等地后，将士疲乏，加上天气炎热，于是暂停进攻。

定州刺史赵秉文建议突袭蒙古腹地，迫使蒙军撤军而返，金帝未采纳。经过几个月的休整，蒙军趁着秋高马肥，继续南进，直逼中都城下，金军非降即逃。

可见，在敌我实力相差悬殊时，弱者应更加着力于观察竞争对手的弱点，只有攻其弱点，方能取得自保或胜利的机会。

人有难，不溃也

势有终，早备也。人有难，不溃也。

——（北宋）薛居正《势胜学》

【译文】

权势有终了的时候，需要早做准备。人都会经历磨难，遇到事情时精神不能崩溃。

【解读】

生活中，每个人都不可避免地要遭遇困境。但困境并不等于绝境，重要的是在面对困境时要有足够的勇气和信心。懦者尽尝烦恼，度日如年；畏者胆怯不前，锐气尽失；志者自强不息，在困境的荒野上开垦孕育出一片最有前景的沃土。历史告诉我们，英雄豪杰都是历经挫折才走向人生巅峰的。

且看苏轼，几经贬谪，四处漂泊，人生虽然大起大落，挫折重重，他都没有一蹶不振；时运不济、命运多舛，都不能使他那颗高傲的心屈服。不论是黄州的赤壁，还是海南的儋州，他那颗坚强的心永不沉沦，在逆境的磨砺下，苏轼成就了人生之巅！

平静的湖面练不出精悍的水手，安逸的环境造不出时代的伟人。苏轼在挫折面前没有低头，才造就了自己不朽的辉煌。

1850 年 8 月 20 日，在巴尔扎克的葬礼上，雨果所致的悼词中有这样一段话："在最伟大的人物中间，巴尔扎克是第一等的人；在最优秀的人物中间，巴尔扎克是最高的一个……唉！这强有力的、永不疲倦的工作者，这哲学家，这思想家，这诗人，这天才，在我们中间，过着暴风雨的生活，充满了斗争、争吵、战斗，一切伟大人物在每一个时代遭逢的生活。今天，他安息了。他走出了纷扰与仇恨。"

巴尔扎克一生经历了许多磨难，他幼年缺乏母爱，母亲对他冷漠无情，使他成为家里多余的人。长大后，巴尔扎克立志要从事清苦的文学创作，当一个"文坛国王"。从 1819 年夏天开始，他就整天在一间阁楼里伏案写作。阁楼不仅地方狭窄，而且冬冷夏热，条件十分艰苦，他还经常为一点面包、蜡烛和纸张发愁，但巴尔扎克仍然坚持没日没夜地写着。在和书商打交道的过程中，巴尔扎克不断受骗，以致负债累累，为了躲债，他曾六次迁居。

每个人都不愿意遭受挫折和失败，但它们常常还是不期而至，让人避之不及。要知道，困境是把双刃剑，它可以是绊脚石，让你摔倒之后一蹶不振，更可以是一块跳板，让你短暂地陷入低谷后跳得更高更远。

人的一生不可能一帆风顺，注定充满荆棘。如果每个人都能调整好心态，把困境看成是一种阅历，一种财富，在困境到来之后，不沮丧恐慌，不怨天尤人，不乱阵脚，就能走出低谷，实现梦想，取得成功。

循序渐进可成事，急于求成反误人

君子之道，辟如行远必自迩，辟如登高必自卑。

——（春秋）子思《中庸》

【译文】

君子的道路，就好像走很远的路一定要从近的地方开始，就好像去很高的地方一定要从低的地方开始。

【解读】

从古至今那些获得成功的人，没有一个不是循序渐进的，人们可以在循序渐进完成事情的过程中，发现事情的真理，从而为自己的成功奠定基础。但并不是所有人都能够安下心来好好完成自己的事情，有的人为达目的违背自然常理，急于求成，想于一朝一夕之间取得成功。这些急于求成的人，最终非但没有获得成功，反而赔得血本无归。

相传春秋时期赵国的邯郸有一个善射之人，名为飞卫。飞卫起初跟随神射手甘蝇学习箭术，后来成为著名神射手，被尊称为“不射之射”。

有一个叫纪昌的人，久闻飞卫大名，便尊其为师，学习箭术。飞卫对纪昌说：“你要先学会盯住一个目标，眼睛一眨不眨，然后才谈得上学射箭。”纪昌听闻，便回到了家，躺在他妻子的织布机下边，用眼睛由下至上注视着梭子来回穿梭。坚持两年之后，就算锥尖倒过来碰到纪昌的眼眶，他的眼睛都不会眨一下。

于是，纪昌又去找到飞卫，但飞卫说：“这还差得远呢。你要学会用眼睛去看东西的技巧，你要练到把小的东西看成大的东西，把细微的东西都看得清清楚楚的，然后再来找我！”

纪昌回到家中，抓来了一只虱子，把一根牦牛尾巴的毛挂在窗户上，而自己每天都目不转睛地注视这只虱子。十天过去，他发现虱子慢慢变大了；三年过去，这只虱子居然已经像车轮一样大了，再看其他的东西，都大得像山丘一样！于是，纪昌弯弓搭箭，朝虱子射去。箭穿过了虱子的中心，而牛毛并没有断。

纪昌欣喜万分，赶忙跑到飞卫那里向他报告。飞卫听后大为高兴，拍着纪昌的胸口说：“好小子，你已经把射箭的功夫都学会了！”

纪昌用自己的经历告诉我们，做事情必须要注意循序渐进，而且心必须要静下来，切记，不可心浮气躁。只有一心一意地去做事，才有获得成功的资本。

济大事者，以人为本

夫济大事者必以人为本，今人归吾，吾何忍弃去。

——（西晋）陈寿《三国志》

【译文】

想要成就大事的人应当以人为中心，如今百姓主动跟随着我，我怎么忍心丢下他们独自逃走。

【解读】

在刘备屯兵樊城期间，他得知曹操大军正疾速南下，直逼宛城。面对曹操的威势，刘备必须迅速做出决策。然而，就在这个关键时刻，他得知荆州的众多士民因为信赖他，选择跟随他一同逃亡。面对这样的局面，刘备并没有因为自身的安危而急于逃离。他深知，这些士民是他的根基，他们的信任和支持是他能够继续战斗的重要力量。因此，他选择了与士民们一同前行，尽管这意味着他们可能会面临更大的困难和危险。

在逃亡的过程中，刘备始终将士民们的安危放在心上。他尽量确保军队的行进速度不会过快，以免士民们跟不上。同时，他也积极寻找合适的地方，让士民们能够暂时安歇，恢复体力。当有人建议刘备为了尽快逃离曹操的追兵，应该放弃这些士民时，刘备坚决反对。他说："夫济大事者必以人为本，今人归吾，吾何忍弃去！"他宁愿冒着被曹操追上的风险，也要保护这些信任他的士民。

最终，刘备的决策得到了回报。他的以人为本的治国理念不仅赢得了民众的广泛支持和爱戴，也为他日后建立蜀汉政权奠定了坚实的基础。

不要因小利失大利

利不可两，忠不可兼。不去小利，则大利不得；不去小忠，则大忠不至。故小利，大利之残也；小忠，大忠之贼也。

——（战国）吕不韦《吕氏春秋·权勋》

【译文】

利益不能合并，忠诚也不可兼顾。不能舍弃小利，则大利就不能得到；不舍弃小忠，则大忠就不能做到。所以，小利会损害大利，小忠也会影响大忠。

【解读】

在春秋战国时期，晋献公想要攻打虢国，但是中间隔着虞国，于是他派遣荀息前去虞国借道。荀息向献公建议道："主公，我们可以把垂棘出产的玉璧和屈邑出产的良马作为礼物送给虞公，他必定会同意我们借道。"

献公听后有些犹豫，他担心地说："那玉璧和良马都是我们的珍宝，万一虞公收了礼物却不让我们借道，那该如何是好？"

荀息微笑着回答："主公放心，虞公若是拒绝借道，必定不会接受我们的礼物。反之，如果他接受了礼物并同意借道，那就相当于我们把玉璧和良马暂时存放在他那里。等到我们完成攻打虢国的任务，再一并取回便是。您又何须忧虑呢？"

献公听后觉得有理，便同意了荀息的建议。于是，荀息带着玉璧和良马前往虞国，向虞公提出了借道的请求。虞公一见这珍贵的礼物，心中大喜，便答应了晋国的请求。

然而，虞国的大夫宫之奇看出了其中的危险，他劝谏虞公道：“主公，您可不能轻易答应啊！古人有言：‘唇亡齿寒’，虢国和虞国相互依存，如果虢国灭亡了，虞国也必定难以独存。一旦我们借道给晋国让他们攻打虢国，那么虢国灭亡之后，晋国的下一个目标很可能就是虞国了。您怎么能轻易借道给他们呢？”

可是，虞公已经被玉璧和良马迷住了双眼，他根本听不进宫之奇的劝告，执意借道给晋国。结果，荀息率领晋国军队借道虞国，成功攻打了虢国并将其灭亡。随后，晋国军队顺道攻打虞国，也将虞国灭亡。

荀息拿着完好无损的玉璧和稍显老态的良马回到晋国，向献公复命。献公看着眼前的玉璧和良马，高兴地说道：“玉璧还是原来的样子，只是这匹马似乎老了一些。不过没关系，我们已经成功地攻下了虢国和虞国，这一切都是值得的。”

在面对利益和诱惑时，我们必须保持清醒的头脑和长远的眼光。不能被眼前的利益所迷惑，一时的贪婪可能会让我们失去更多。

将之求胜，致爱于兵

夫将者，君之所恃也；兵者，将之所恃也。故君欲立功者，必推心于将；将之求胜者，先致爱于兵。

——（春秋）孙武《孙子兵法》

【译文】

君主依靠将帅，将帅依靠士兵。所以，君主想要建立功业，一定要真心地对待将帅；将帅期望战胜敌人，就一定要先关爱他的士兵。

【解读】

朱元璋作为中国历史上的一位伟大君主，他在建立明朝的过程中，深深地依靠了一批杰出的将帅，其中最为人称道的便是徐达。徐达不仅勇猛善战，而且治军有方，深受士兵的爱戴。在朱元璋的统一战争中，徐达多次领兵出征，屡建奇功，为明朝的建立奠定了坚实的基础。

朱元璋对徐达的信任和重用，达到了前所未有的程度。他赋予徐达极大的兵权，让他能够独当一面，领兵作战。在军事决策上，朱元璋也常常听取徐达的意见，与他共同商讨战略。这种信任和依赖，使得徐达能够充分发挥自己的军事才能，为朱元璋的统一大业立下了汗马功劳。

而徐达之所以能够取得如此辉煌的战绩，离不开他对士兵的深切关爱。他深知士兵是战争中的主体，是取得胜利的关键。因此，他始终将士兵的利益放在首位，关心他们的生活和训练。在战场上，徐达身先士卒，与士兵们同甘共苦，共同面对敌人的炮火。

正因为有了朱元璋的信任和重用，以及徐达对士兵的关爱和激励，明朝的军队在统一战争中展现出了强大的战斗力。他们团结一心，奋勇向前，最终成功地推翻了元朝的统治，建立了新的王朝。

君主真心对待将帅，将帅关爱士兵，这种相互信任和依赖的关系，使得整个军事体系能够形成一个紧密的整体，发挥出最大的效能。同时，也证明了关爱士兵是取得战争胜利的关键因素之一。只有当士兵们感受到来自将帅的关爱和尊重时，他们才会更加努力地战斗，为国家和民族的利益而拼搏。

这种理念不仅适用于军事领域，也可以推广到社会管理的各个层面。在任何组织中，领导者都需要真心对待下属，关心他们的需求和想法，激发他们的工作热情和创造力。只有这样，才能形成一个团结、稳定、高效的团队，共同应对各种挑战，取得更大的成功。

遍知天下，审御机数

是故器成卒选，则士知胜矣。遍知天下，审御机数，则独行而无敌矣。

——（春秋）管仲《管子》

【译文】

因此，兵器做得精致优良，军队通过精挑细选，战士们作战时便会有信心打胜仗。了解了各国的军队实力，懂得掌握机遇、精心利用谋略，军队则能随意行动而无人能敌了。

【解读】

明朝嘉靖年间，倭寇频繁侵扰我国沿海地区，给当地百姓带来了深重的灾难。时任浙江都指挥使的戚继光，奉命率领军队抵御倭寇的入侵。

戚继光深知，要想战胜狡猾且凶悍的倭寇，必须做好充分的准备。他首先着手改进军队的装备，引入先进的火器，改良弓箭、刀枪等冷兵器，使得明军的装备水平有了显著的提升。同时，他还注重士兵的训练，亲自制定了一套严格的训练制度，确保每一名士兵都具备过硬的战斗技能。

在深入了解倭寇的战术和习性后，戚继光发现他们擅长游击作战，行动迅速且难以捉摸。为了应对这一特点，他采用了“以静制动，以守为攻”的战略。命令军队在沿海地区修建坚固的防御工事，同时派出小股精兵进行巡逻和侦查，一旦发现倭寇的踪迹，便迅速报告并集结大军进行围剿。

某次，一股倭寇企图趁夜偷袭一座沿海小镇。戚继光得到消息后，立即指挥军队进行布防。他利用地形优势，设下了埋伏和陷阱。当倭寇进入预设的伏击圈后，明军突然发起猛烈的攻击，火器与冷兵器交相辉映，倭寇顿时陷入了一片混乱。经过一场激战，明军成功歼灭了这股倭寇，保卫了小镇的安全。

戚继光通过精良的装备、训练有素的士兵，以及对敌情的深入了解，成功地抵御了倭寇的入侵，保卫了国家的安宁。他的故事不仅展示了古代将领的智慧和勇气，也为我们提供了宝贵的启示：在战争中，只有做好充分的准备，并深入了解敌情，才能取得胜利。